Questo libro è dedicato a mia moglie Dora.

Senza di lei non avrei mai scoperto l'affiliate marketing.

INTRODUZIONE

Se vuoi lasciare il tuo lavoro a tempo pieno e vivere una vita in cui puoi guadagnare in un paio di giorni i soldi che fai adesso in un mese, allora questo libro ti piacerà.

Il libro parla di affiliate marketing e non di MLM (multi-level marketing), con cui si spammano amici e conoscenti di link truffa.

 L'Affiliate marketing con *ads* (che qui chiameremo anche annunci) pagati. Uno dei pochi metodi legali e reali per guadagnare online in qualsiasi luogo con una connessione internet.

Mi chiamo Attila e sono un affiliate marketer dal 2008. Ho scoperto l'affiliate marketing grazie ad un cambiamento di circostanze. Sono cresciuto in Canada, poi arrivato in Europa per dedicarmi al mio business di organizzazione di festival. Dopo tre tentativi ho perso così tanto denaro che era arrivato il momento di fare qualcosa. Non riuscivo a trovare un lavoro, dato che non parlavo una parola della lingua locale, quindi, o tornavo in Canada o dovevo trovare una soluzione rapida. È così che un amico mi ha introdotto nel mondo dell'affiliate marketing e da allora non mi sono più voltato indietro.

Il motivo per cui mi piace così tanto è che si può guadagnare lo stipendio di un mese di lavoro in un paio di giorni (a volte, se si è bravi, anche in un giorno).

Oltre al potenziale di guadagno, hai anche la libertà. Puoi lavorare ovunque, tutto ciò che ti serve è una connessione internet, uno smartphone, un laptop o un computer. Tutto questo mi ha permesso di viaggiare con la mia famiglia, grazie ai guadagni raggiunti che mi permettono di finanziare il tutto.

Questo lavoro non ha niente a che vedere con il MLM. È al contrario l'arte di lavorare con gli annunci di Google e Facebook, e di testare e analizzare diverse offerte fino a trovarne una il cui costo sia inferiore al costo che si paga per acquisire un cliente (o un CPA). Ma di questo parleremo più avanti.

L'Affiliate marketing è un vero e proprio business, non è un sistema automatico di guadagno, non esiste una cosa del genere, anche se sarebbe bello. Devi lavorare e trattarlo come un vero lavoro. Io non sono certo speciale, insomma, non ne sapevo nulla fino a quando un amico non me ne ha parlato, e oggi possiedo immobili che valgono milioni di dollari, auto di lusso e la libertà di fare quello che voglio del il mio tempo, quando voglio. Tutto questo grazie all'affiliate marketing e al duro lavoro. Se ce l'ho fatta io, puoi farcela anche tu, devi solo prenderla sul serio e passare all'azione.

In questo libro, imparerai tutto quello che c'è da sapere sull'Affiliate Marketing.

Anche se sei un principiante o un neofita alle prime armi, che non sa nemmeno cosa sia il l'affiliate marketing, questa guida ti aiuterà passo passo a capire tutto, in modo da poter iniziare a guadagnare soldi.

INDICE

INTRODUZIONE ALL'AFFILIATE MARKETING

Cos'è l'Affiliate Marketing ?

L'Affiliate marketing è un processo che ti permette in qualità di affiliato di guadagnare commissioni per il marketing dei prodotti di altre aziende.

In sostanza, se come affiliato vuoi promuovere un prodotto o un servizio, cerchi il "nome del prodotto" (product name) del programma di affiliazione, poi ti iscrivi a quel programma di affiliazione dove ti rilasciano un link specifico che permette loro di rintracciare le persone che hanno cliccato sul tuo link specifico (link di affiliazione) e semplicemente, se comprano il prodotto, guadagni una commissione.

In realtà, potrei essere molto più tecnico di così, ma ci arriveremo più tardi, ora facciamo un passo alla volta.

Gli acronimi più usati da sapere

<u>AM - Affiliate Manager</u> - La persona che si occupa della gestione del programma di affiliazione di un network

<u>ROI - Return On Investment</u> - Una misura della profittabilità che mette a confronto ciò che si spende con ciò che si guadagna.

<u>CPC – Cost Per Click</u> - Quanto paghi ogni volta che qualcuno clicca sul tuo annuncio, determinato dall'offerta che fai. È l'equivalente del **PPC** **(pay per click)** .

<u>CPV - Cost Per View</u> - Quanto paghi per ogni *impression* sulla tua pagina di destinazione (landing page) o per ogni visualizzazione video, determinato dall'offerta che fai. Con il **CPV** si paga per un' *impression* mentre col **CPM** , si paga per mille impressions. È la medesima modalità del **PPV** **(pay per view).**

<u>CPM - Cost Per Mile</u> - Quanto paghi quando 1.000 persone vedono il tuo annuncio determinato dall'offerta che fai.

<u>CTR - Click Through Rate</u> - CTR è la percentuale di persone che cliccano sul tuo annuncio. È possibile misurare il CTR per un annuncio, una parola chiave o un target e per un'intera campagna.

<u>CR - Conversion Rate</u> - Una conversione si riferisce a quando qualcuno fa quello che tu vuoi che faccia. Esempio: vuoi che le persone si iscrivano ad una newsletter aziendale. Il CR% si riferisce a quante persone avrebbero potuto iscriversi alla newsletter divisa per il numero di persone che si sono effettivamente iscritte alla newsletter.

<u>CPL/CPA - Cost Per Lead or Action</u> - Mostra il prezzo che paghi quando qualcuno si iscrive a qualsiasi cosa tu promuova, determinato dall'offerta che fai.

<u>CRO - Conversion Rate Optimization</u> - Significa apportare modifiche alla tua campagna per aumentarne il CR%. Ci sono moltissime strategie di CRO che si possono utilizzare, come ad esempio mettere in pausa le parole chiave che non convertono bene o testare due diverse landing page per vedere quale sia la migliore.

EPC - Earnings Per Click - Il *Payout* (pagamento) medio del programma di affiliazione, generalmente calcolato in base a cento click.

CTA - Call To Action - È una frase intrigante con un verbo imperativo che invita a compiere l'azione desiderata. Per esempio: "Iscriviti oggi" o "Scarica ora".

LP - Landing Page - La pagina che promuove la tua offerta. Quando un visitatore clicca sul tuo annuncio, lo porterà alla tua *Landing Page* (pagina di destinazione). Quindi, in sostanza, è la pagina in cui incoraggi i visitatori ad acquistare un prodotto specifico o ad intraprendere qualche tipo di azione.

RON - Run Of Network - Indirizzare tutti i siti su un network per ottenere traffico ad un prezzo più basso.

RTB - Real Time Bidding - Connessione dell'offerta (spazi dove può essere mostrato il tuo annuncio) e della domanda (il tuo annuncio) durante un'asta in tempo reale. Quando qualcuno visita un sito web che potrebbe potenzialmente mostrare un annuncio, una piattaforma RTB può selezionare l'annuncio da visualizzare sulla pagina in tempo reale. Gli affiliate marketer impostano le offerte per le impressions sui siti dove vogliono che il loro annuncio venga mostrato e la piattaforma RTB che ospita l'asta seleziona l'annuncio vincente in base al prezzo dell'offerta.

Strumenti e conoscenze aggiuntive

Cosa sono un Web Host e un Dominio?

Pensalo come ad un computer dove la gente archivia i propri siti web o come ad una casa dove si archiviano tutte le proprie cose, ma invece di conservare le proprie cose e i propri mobili, si archiviano i file del computer, gli HTML, i documenti, le immagini, i video, ecc. in un web host.

Un dominio è fondamentalmente l'indirizzo del tuo sito web: www.tuosito.com, per esempio

È necessario acquistare un dominio per poter configurare il proprio sito web. Tutti i domini sono unici, il che significa che ci può essere un solo google.com (per esempio) nel mondo.

Cosa sono le Landing Page ?

Una landing page (pagina di destinazione) è una pagina web creata su misura per catturare l'interesse specifico di un particolare target di pubblico.

La creazione di una landing page personalizzata è importante per rendere efficace efficace l'esperienza del cliente, mostrandogli le informazioni esatte che probabilmente lo faranno acquistare, o per completare un'azione specifica, come ad esempio l'aggiunta del suo indirizzo e-mail e l'iscrizione a qualcosa.

Il principio centrale di una landing page è quello di contribuire a migliorare l'esperienza complessiva dell'utente per ottenere anche un numero maggiore di vendite/conversioni.

Cosa sono le Offer ?

Sostanzialmente un'Offer (offerta) è un accordo da parte di un brand per pagare una commissione o un CPA (costo per acquisto) fisso all'affiliato per l'attività di riferimento.

L'Offer può essere un prodotto o un' azione come l'iscrizione alla mailing list del brand o l'iscrizione ad un call center per contattare il visitatore.

Ci sono offerte per tutti i gusti, c'è solo l'imbarazzo della scelta. Una delle migliori risorse per cercare offerte e verticals disponibili è www.offervault. c om

Cosa sono i Creatives ?

I creatives sono tutto ciò che riguarda la parte grafica che gli affiliati utilizzano per promuovere prodotti o servizi. In altre parole, sono immagini pubblicitarie, video e testi. Alcune persone si riferiscono alle grafiche come ai "banner pubblicitari", anche se al giorno d'oggi sono così avanzati da essere ben più di semplici banner e includono testi, video, animazioni o contenuti dinamici. Possono anche essere interattivi, per cui l'utente può cliccare, sfogliare, ruotare e vedere maggiori dettagli direttamente sulla pagina.
Esempi di Creatives:

Facebook:

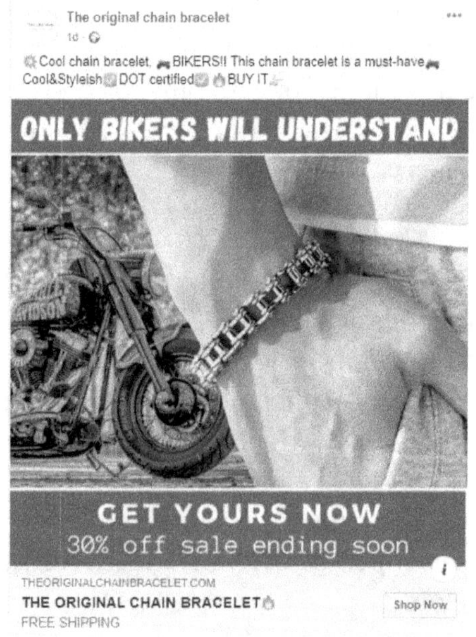

Cute Little Things
3d
The sale everyone has been waiting for! Buy 1 Get 1 For FREE
Many Gorgeous Options to Choose From
Extremely Sturdy & Ultra Protective
12 Months International Warranty
BURGA: the only case you'll need -> www.burga.com
BUY 1 GET 1 FREE
MID-SUMMER SALE: 72H ONLY
BURGA.COM
[72 HOUR SALE] Free Phone Case With Every Order
Shop Now

Google:

BLOSSOM
Welcome to Blossoms
Send the
right email
Constant Contact
Try It Free

THE
PUFF YEAH
SLIDE.
UGG
SHOP NOW

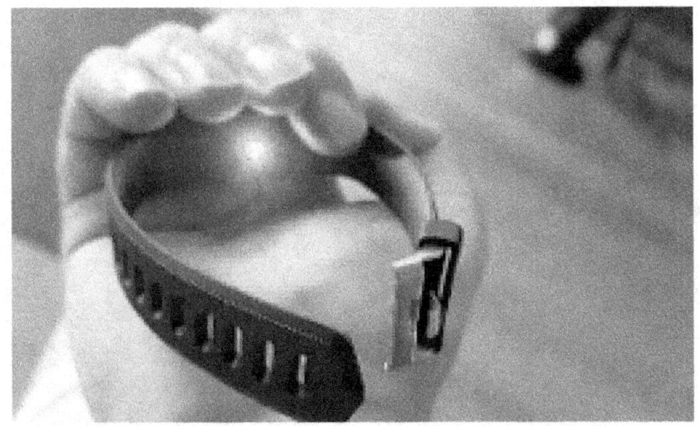

Check Your Pulse And Blood Pressure In Seconds With This Genius Watch

Smart Portable Cooler

Why Are Seniors Snapping Up
This New $49.95 Smartwatch?
TechSave

Push:

20% OFF THE LATEST FASHION
Take your chance to win a voucher and get
bargain fashion deals

Cos'è un Tracker e perché ti serve ?

Il tracking è un processo di gestione e monitoraggio delle attività di marketing. Per questo motivo, utilizziamo un software di tracciamento.

Con il software di tracciamento possiamo tenere traccia di tutto ciò che riguarda la performance delle nostre campagne pubblicitarie.

Un tracker ti dà la possibilità di monitorare se le tue campagne sono redditizie, quante conversioni stanno generando, da dove provengono i visitatori, quali dispositivi stanno utilizzando e molti altri dati di cui abbiamo bisogno per poter ottimizzare le nostre campagne pubblicitarie.

Per rendere le tue campagne redditizie devi trovare i creatives e le landing page adatti.

Con un tracker sarai in grado di trasformare i tuoi dati in informazioni utilizzabili per prendere le giuste decisioni sulla base di dati in tempo reale che ridurranno notevolmente il rischio di perdita di soldi.

Consigliamo l'uso di RedTrack, è la soluzione di tracciamento più popolare ed economica sul mercato basata su SAAS (Software as a Service) . Ciò significa che non è necessario pagare un extra per un web server o un amministratore di sistema per gestirlo. E' già incluso

nel prezzo base mensile. Senza un tracker non puoi fare affiliate marketing perché perderesti tutti i tuoi soldi.
Clicca qui per iscriverti e provare gratuitamente RedTrack

Vuoi saperne di più sulle nozioni base dell'Affiliate Marketing?
Clicca qui e unisciti alla nostra community premium. Ottieni aiuto individuale da me e da altri affiliate marketer che guadagnano denaro online

---

Cos'è uno Spy Tool?

Gli Spy tools ti permetteranno di 'spiare' i tuoi concorrenti e di vedere come stanno performando le loro campagne, dalle fonti di traffico ai creatives , dalle landing page, alle offerte e a molto altro ancora.

Nel gergo imprenditoriale degli addetti ai lavori, gli spy tools vengono chiamati "software di intelligenza competitiva".

Usando uno spy tool puoi anche vedere quali annunci, landing page, offerte e combinazioni funzionano meglio per farti un'idea di ciò che dovresti provare a fare tu stesso.

Avere queste informazioni ti semplificherà il lavoro, indipendentemente dalla tua esperienza.

Nota bene: Uno dei segreti per far funzionare l'affiliate marketing è quello di iniziare a **testare le offerte collaudate, ecco perché gli spy tool sono davvero fondamentali.**

Noi usiamo *AdPlexity* per monitorare lìle ads Native, Push e Pop. E' uno strumento molto potente e utilizzato oggi dai top marketer. E' disponibile con uno sconto del 30% con questo coupon.

Per Facebook consigliamo *Visto* , ottimo per una visione completa delle ultime tendenze sul social network. *Visto* ti mostrerà le campagne, gli annunci e le landing page più redditizie dei tuoi concorrenti.

Per fare soldi con l'affiliate marketing *devi utilizzare un tracker come RedTrack , e uno spy tool come AdPlexity per trovare offerte testate .*

Vuoi altri consigli sugli spy tool?   Clicca qui e unisciti alla nostra community premium. Ottieni aiuto individuale da me e da altri affiliate marketer che guadagnano denaro online

Come funziona l'Affiliate Marketing ?

L'Affiliate marketing riesce a sfruttare le capacità di una varietà di individui per una strategia di marketing più efficace e fornisce ai partecipanti una quota del profitto.

Ci sono tre diverse componenti necessarie per far funzionare l'affiliate marketing:

1. Venditore/Ideatore del Prodotto /Advertiser

Il venditore può essere un commerciante, un piccolo imprenditore, un produttore o una grande impresa e il prodotto può essere fisico (come gadget o articoli per la casa) o un servizio (come lezioni di chitarra o qualsiasi tipo di tutorial, ad esempio). Molti network CPA chiamano i produttori/proprietari dell'offerta l'"advertiser".

Il venditore potrebbe anche essere un commerciante di eCommerce che paga gli affiliati per promuovere i propri prodotti al fine di raggiungere nuovi consumatori e clienti o una società SaaS (Software as a Service) che paga gli affiliati per aiutarli a vendere il loro software di marketing, ad esempio.

2. Affiliato o "editore"

L'Affiliato può anche essere un individuo o una società che promuove il prodotto o il servizio del venditore a dei potenziali clienti. Se un cliente conclude l'acquisto del prodotto, l'affiliato guadagna una percentuale sulle entrate generate. I Networks CPA spesso si riferiscono agli affiliati come a " publisher" o " pub". Nella maggior parte dei casi gli affiliati si rivolgono ad un pubblico specifico con una nicchia definita o con un brand personale, il che li aiuta ad attrarre i clienti mirati più propensi ad agire (ad esempio, acquistare).

3. Il Cliente

Gli acquisti dei clienti determinano la direzione dell'affiliate marketing, anche se questi non ne hanno la minima idea. Gli affiliate marketer condividono con i clienti questi prodotti su siti web, social media, blog, ecc.

Quando un cliente acquista il prodotto, il venditore e l'affiliato si dividono i profitti. Di solito il cliente non sa che l'acquisto è stato effettuato tramite un link di affiliazione ma non pagherà di più, in quanto la quota di profitto dell'affiliato è inclusa nel prezzo di vendita al dettaglio e il cliente riceverà il prodotto normalmente non intaccato dal sistema di affiliate marketing.

Come guadagnano gli Affiliate Marketer?

Gli affiliati possono guadagnare in vari modi, a volte il cliente non deve nemmeno acquistare il prodotto, è sufficiente compilare un modulo di contatto o iscriversi ad un sito web specifico.

Ci sono 3 tipi principali di pagamenti di affiliazione:

1. Pay Per Sale (PPS)

Questa è la soluzione più semplice per l'affiliate marketing: i venditori pagano una percentuale del prezzo di vendita all'affiliato quando un cliente completa l'acquisto.

In sostanza, con questo tipo di affiliazione, il cliente deve acquistare il prodotto, altrimenti l'affiliato non verrà pagato.

2. Pay Per Lead (PPL)

I sistemi di affiliazione Pay Per Lead pagano l'affiliato sulla base di una conversione dei lead (contatti). Ciò significa semplicemente che il cliente deve compiere una qualche azione sul sito web del venditore.

Questa azione può essere semplicemente l'iscrizione ad una newsletter o a una prova di un prodotto, la compilazione di un modulo di contatto o il download di un file o di un software.

3. Pay Per Click (PPC)

Questo tipo si concentra sull'aumento del traffico web del venditore. Ciò significa che l'affiliato deve reindirizzare i visitatori dalla sua pagina al sito web del venditore.

L'affiliato viene pagato in base alla quantità di traffico trasmessogli.

Come iniziare a fare Affiliate Marketing

1. Iscriviti a un network di affiliazione

Quando si inizia a lavorare come affiliato è necessario trovare un buon canale o network di affiliazione. Ce ne sono di molto buoni, la scelta dipende dalla tua nicchia di mercato e dal prodotto o servizio che vuoi promuovere.

I migliori network di affiliazione con cui noi lavoriamo sono:

- Per offerte commerciali di lead gen

- Per offerte di Nutra, un annuncio diretto

- Per offerte di salute e benessere

- Per offerte di incontri

- Per offerte sul mobile content

- Per offerte ecom

Questi network esistono da anni, hanno sempre pagato puntualmente e vantano nel loro staff alcuni dei migliori esperti del settore. Trovare network di affiliazione è semplice, basta fare una ricerca su google, chiedere ad altri affiliati sui forum di affiliate marketing, oppure andare direttamente su offervault.com e sfogliare i network di affiliazione:

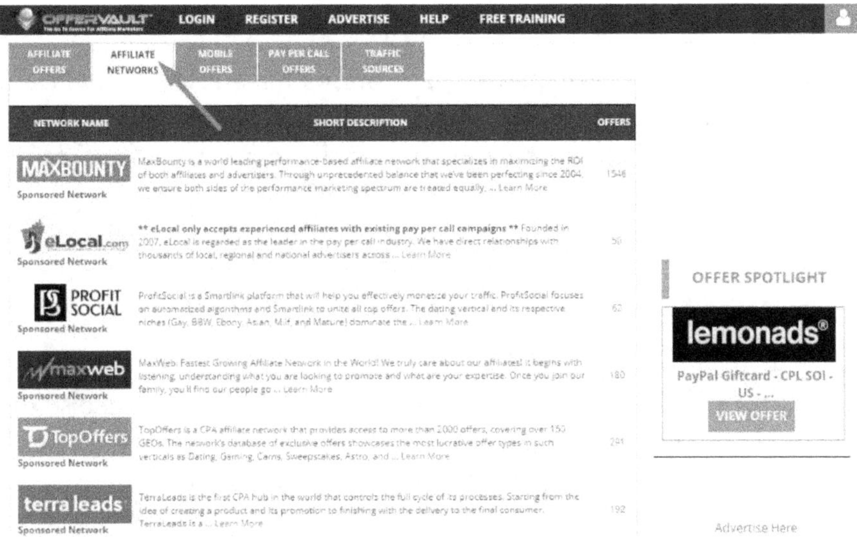

Dopo l'iscrizione ad un network di affiliazione, probabilmente dovrai sostenere un colloquio o al telefono, o in video chat. Si tratta di una procedura obbligatoria, soprattutto se sei all'inizio, quindi non ti allarmare. Fa parte del normale percorso per diventare un affiliate marketer.

Dopo l'approvazione del tuo account potrai sfogliare i diversi prodotti che puoi promuovere, vedrai quali sono i payout e anche di che tipo: PPS, PPC, PPL, ecc.

Ti consiglio vivamente di contattare il tuo Manager appena iscritto e di fargli sapere qual è la tua nicchia, come e dove promuoverai e informazioni del genere, in modo che ti aiuterà a decidere quali sono le offerte migliori per te e per il tuo traffico.

Come accennato in precedenza, <u>avere un'offerta che performa bene è un must e gli affiliati intelligenti testano solo quelle in modo da non perdere tempo e denaro.</u>

2. Trovare un brand, un prodotto o un servizio specifico con cui si desidera lavorare - definito di *nicchia* o *vertical* nell' affiliate marketing

Al giorno d'oggi si possono trovare programmi di affiliazione per quasi tutto. Ci sono davvero moltissimi prodotti e servizi. Devi solo scoprire cosa vuoi promuovere, ecco quindi alcune indicazioni che ti aiuteranno a decidere:

- **Cerca qualcosa per cui hai una passione**

  Quando sei agli inizi, ti consiglio di promuovere un prodotto o un servizio per il quale hai una certa passione, perché se hai un interesse per quel prodotto/servizio che cerchi di vendere, potrai realizzare e creare un messaggio di marketing molto più efficace.

- **Prova qualcosa di cui hai già esperienza**

  E' un GRANDE vantaggio se hai già esperienza o competenza con il prodotto o il servizio che cerchi di vendere.
  Pensaci, se hai già provato personalmente quel prodotto o servizio, puoi aggiungere credibilità a quello che dici.
  Naturalmente, è comunque possibile promuovere qualcosa con di cui non si ha alcuna conoscenza, basta fare una ricerca adeguata

- **Cerca un tema di nicchia**

  Se allarghi il campo, sarà molto più difficile convertire i tuoi visitatori in denaro. Ecco perché i prodotti di nicchia sono molto migliori e più facili da vendere.

3. Genera r e C lienti

Il passo più importante è ottenere clienti, realizzare vendite e guadagnare denaro. Occorre quindi decidere come generare traffico verso le proprie offerte.

Ci sono 3 modi principali per ottenerlo:

- ## SEO (Ottimizzazione per i motori di ricerca)

  In pratica significa creare il proprio sito web e classificarlo ai vertici di Google.

  Di conseguenza è veramente importante avere una nicchia per il tuo sito web che abbia abbastanza traffico di ricerca e non troppa concorrenza.

  Quindi, se riesci a far classificare il tuo sito web in base alle parole chiave rilevanti per la tua nicchia, allora probabilmente otterrai dei ricavi dai prodotti/servizi di affiliazione sul tuo sito web.

  È necessario fare ricerca e imparare il SEO, ma tieni presente che probabilmente ci vorranno mesi o anni prima di poter ottenere un po' di volume e di traffico che si converta.

Vuoi leggere una guida dettagliata su come configurare i tuoi campi utilizzando altre network?

Clicca qui e unisciti alla nostra community premium. Ottieni aiuto individuale da me e da altri affiliate marketer che guadagnano denaro online

---

Diventa un creatore di contenuti/Influencer

Se crei regolarmente qualche tipo di contenuto sui social media, come ad esempio Youtube o Instagram, puoi diventare un influencer e consigliare prodotti/servizi di affiliazione ai tuoi seguaci.

Questo è un modo semplice per generare entrate come affiliato, soprattutto se hai già un pubblico con cui condividere i tuoi contenuti.

Quasi tutti gli Youtuber usano Amazon o eBay per guadagnare i soldi da affiliato. Inseriscono i loro link di affiliazione nella descrizione dei loro video, ad esempio dell'attrezzatura con cui li registrano o altre cose del genere.

Ma ci sono moltissimi altri modi oltre a youtube, ad sempio creare un blog o postare sui forum, scrivere i commenti su blog più grandi, ecc.

Comprare traffico (pubblicare annunci a pagamento, è quello che ho fatto per molti anni ed è il segreto del mio successo).

L'acquisto di traffico è il modo più veloce per ottenere traffico, ma è necessario imparare a gestire le campagne su diverse piattaforme, altrimenti, si sprecano i soldi.

Scegliendo questa strategia non ti servirà un sito web consolidato per iniziare, potrai semplicemente utilizzarne uno di una pagina (landing page), dove indirizzare i visitatori alla pre-vendita del prodotto che stai promuovendo.

È possibile acquistare il traffico su molti siti web diversi, piattaforme, social media, i più popolari sono quelli più popolari:

-

-

-

Esistono molte altre traffic source da cui è possibile acquistare il traffico, questi sono solo alcuni esempi per darti un'idea.

Software e abbonamenti necessari per iniziare l'Affiliate Marketing

Acquistare un Dominio e un Hosting

Innanzitutto, è necessario acquistare un dominio e un hosting dove caricare le tue landing page prima di iniziare a comprare il traffico.
Ci sono molti siti diversi dove è possibile acquistare domini e piani di hosting, ma per questo esempio usiamo namecheap.com.
Vai su namecheap.com e seleziona l'hosting - hosting-shared:

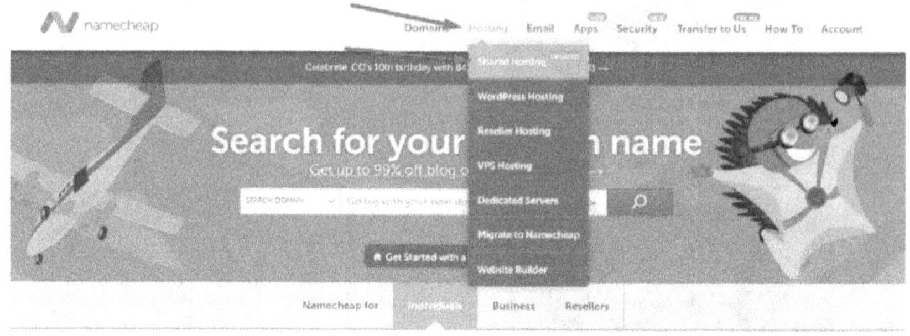

Buy a domain name and create your website today.

Ora scegli un hosting plan:

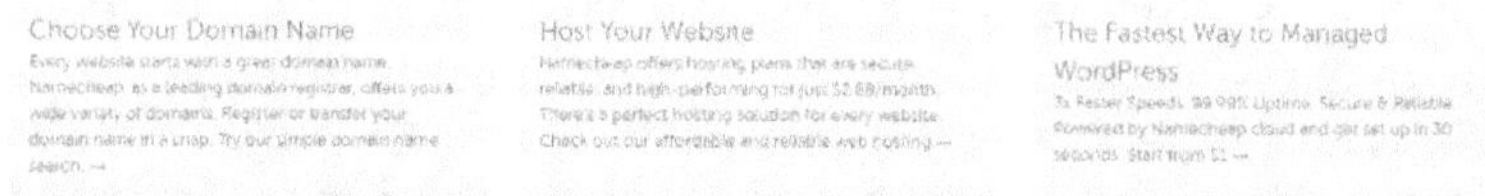

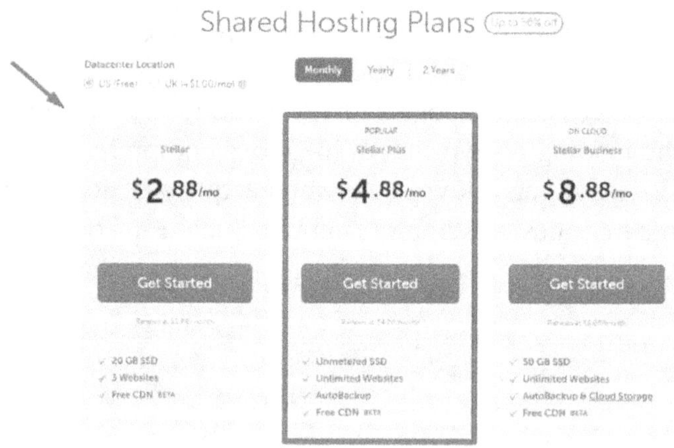

Ti consiglio di scegliere Stellar Plus, ma puoi iniziare anche con il piano più economico e fare, eventualmente, l'upgrade in seguito.
Poi devi trovare un nome di dominio personale e collegarlo al tuo hosting plan:

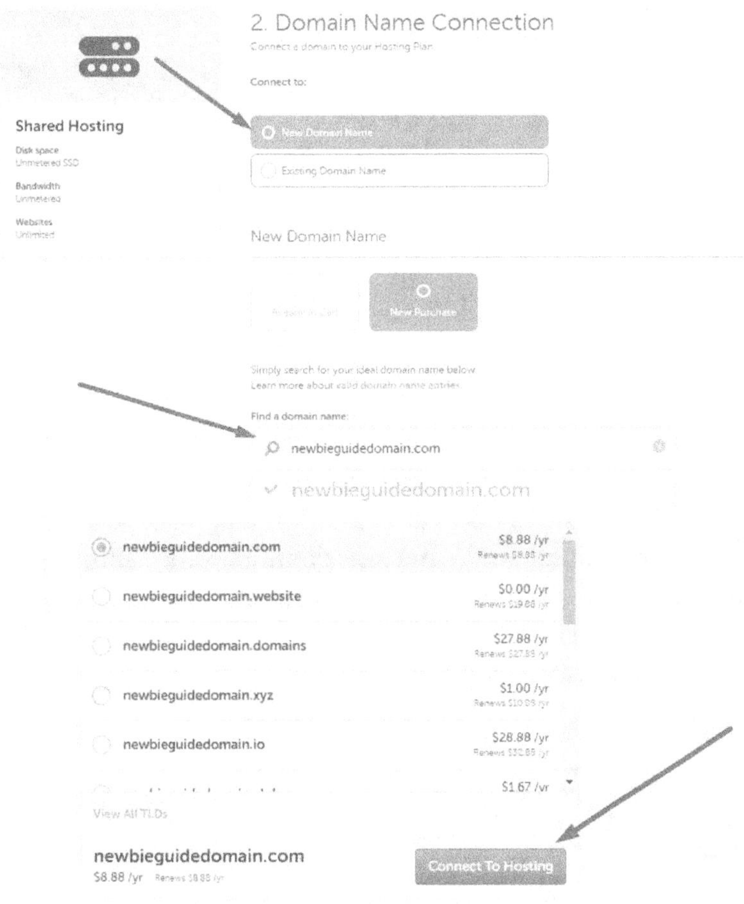

A questo punto confermi l'ordine, selezioni un metodo di pagamento e completi l'acquisto:

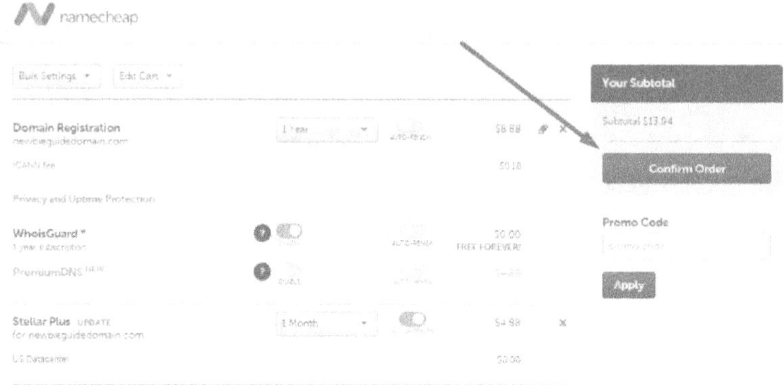

Tutto qui, se hai acquistato il dominio e l'hosting nello stesso momento, verrà automaticamente collegato al tuo account di hosting in modo che non siano necessarie ulteriori azioni.

Nel caso in cui tu abbia già un dominio o lo abbia acquistato separatamente, dovrai collegare manualmente il tuo dominio al tuo account di hosting.

Per farlo, accedi al tuo account, clicchi sulla scheda Domains, selezioni il tuo dominio e clicchi su manage:

Ora scorri verso il basso fino alla sezione Nameservers e scegli Namecheap Web Hosting DNS, infine clicca su salva:

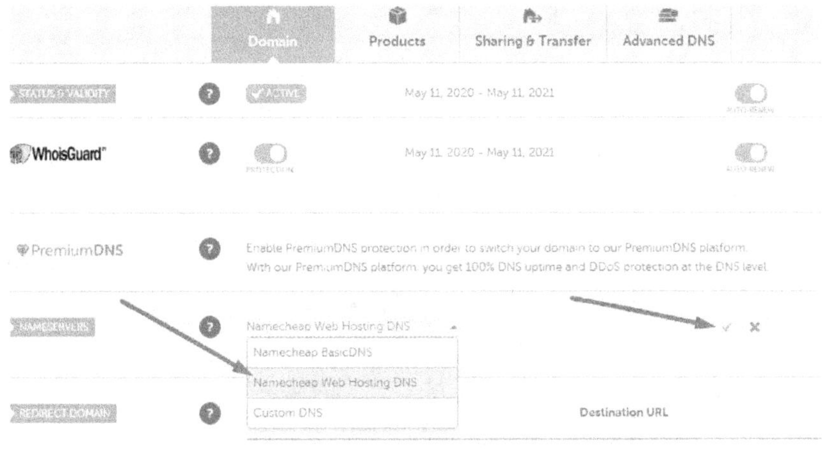

Ecco fatto, ora il tuo nome del dominio è collegato al tuo hosting plan

***Ricorda:** se hai acquistato l'hosting e il dominio nello stesso tempo, non devi fare questo passaggio in più.

Strumenti intelligenti di ricerca concorrenziale, noti come Spy Tools

Come ho accennato prima gli spy tool sono molto importanti ed estremamente utili, soprattutto perché determinano quali offerte e annunci funzionano meglio in una specifica nicchia, permettendoci di creare annunci sulla base di questi.

Ma non è tutto, si possono anche spiare le landing page più performanti (che sono, lo ripeto, importantissime) e si possono creare le proprie sulla base di quelle che performano meglio.

Con Adplexity è facile trovare le migliori landing page.

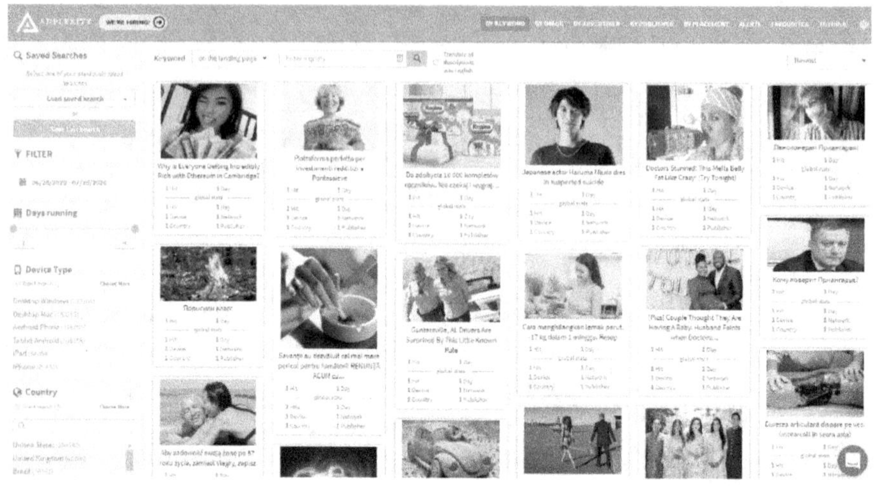

Ecco come appare Adplexity quando si effettua il login. Come puoi vedere, ti appariranno automaticamente una serie di annunci.

Quello che devi fare ora è impostare il filtro data degli ultimi 7 giorni, ad esempio:

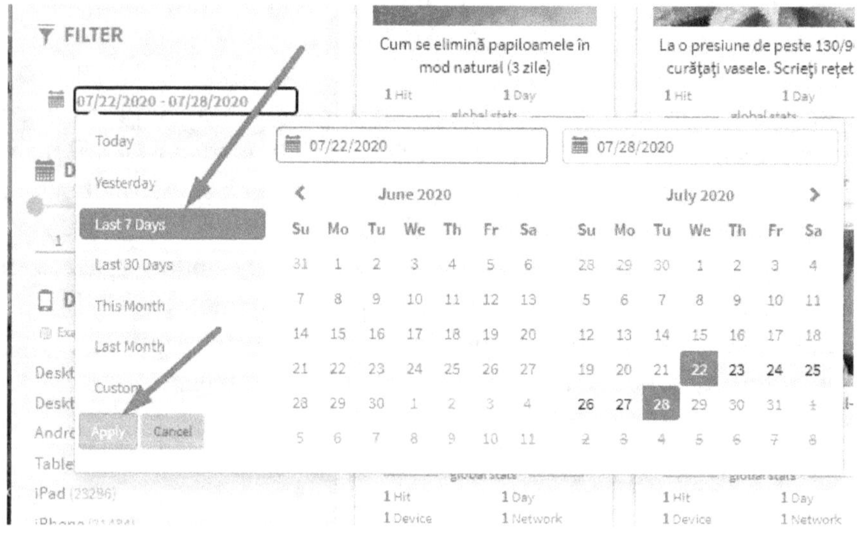

Successivamente dovrai ordinare gli annunci in base a "received most traffic" (ricevuto più traffico). Puoi impostarlo dall'angolo in alto a destra:

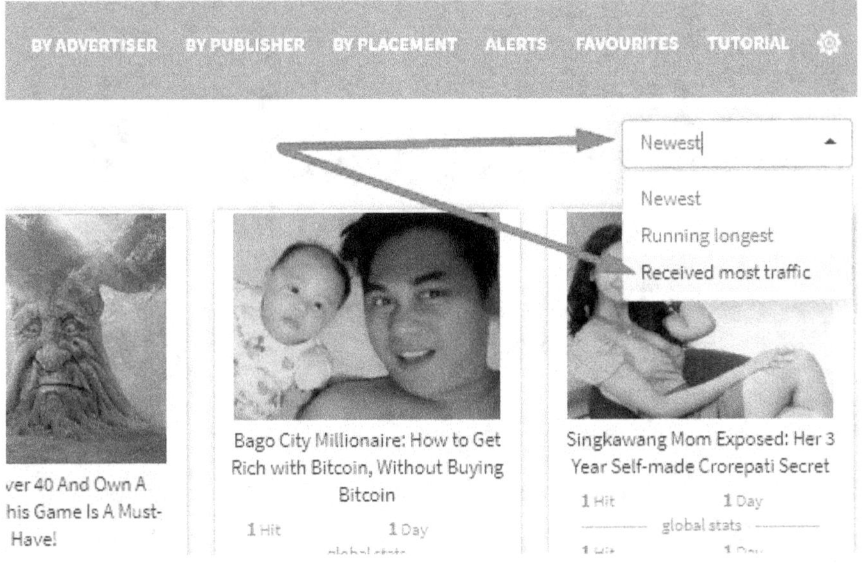

Adplexity ti mostrerà quindi una serie di annunci che hanno ricevuto il maggior traffico negli ultimi 7 giorni:

Cliccando su alcuni annunci, appariranno il paese in cui l'annuncio è in funzione, i tipi di dispositivi e, naturalmente, la landing page e le offerte.

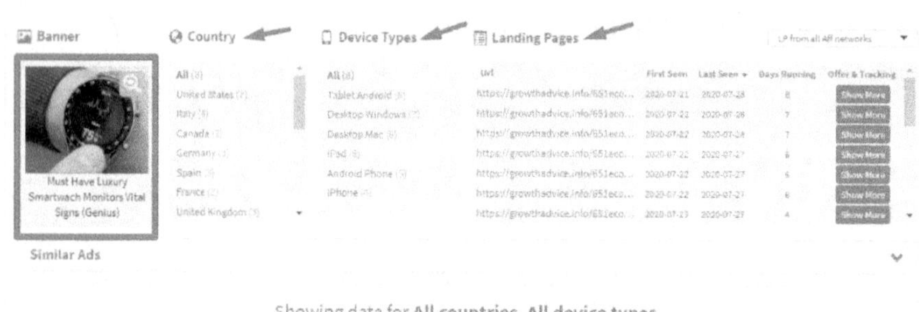

Per vedere la landing page basta cliccare sul pulsante rosso "Show More":

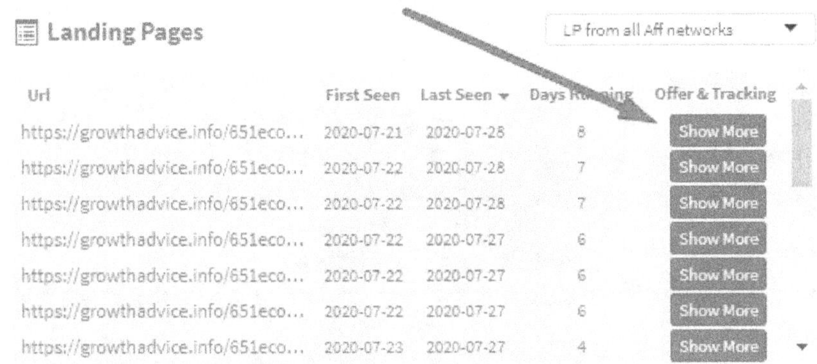

Ora puoi cliccare sui link per vedere la pagina di destinazione e l'offerta:

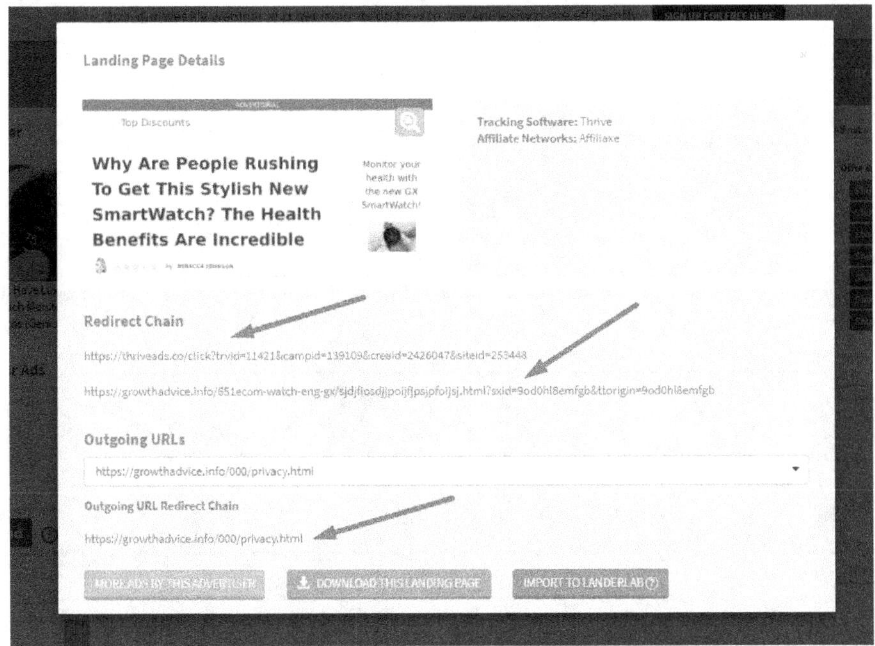

Questo è un esempio di landing page:

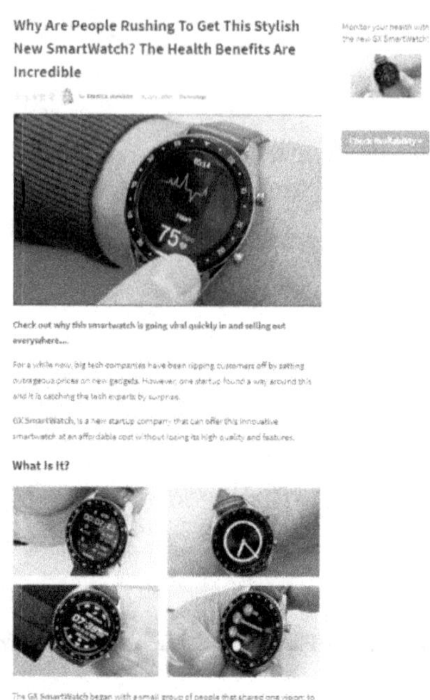

E questa è un'offerta:

Se ti piace la landing page, puoi scaricarla facilmente tornando alla sezione dei link della landing page e cliccando sul pulsante verde per il download:

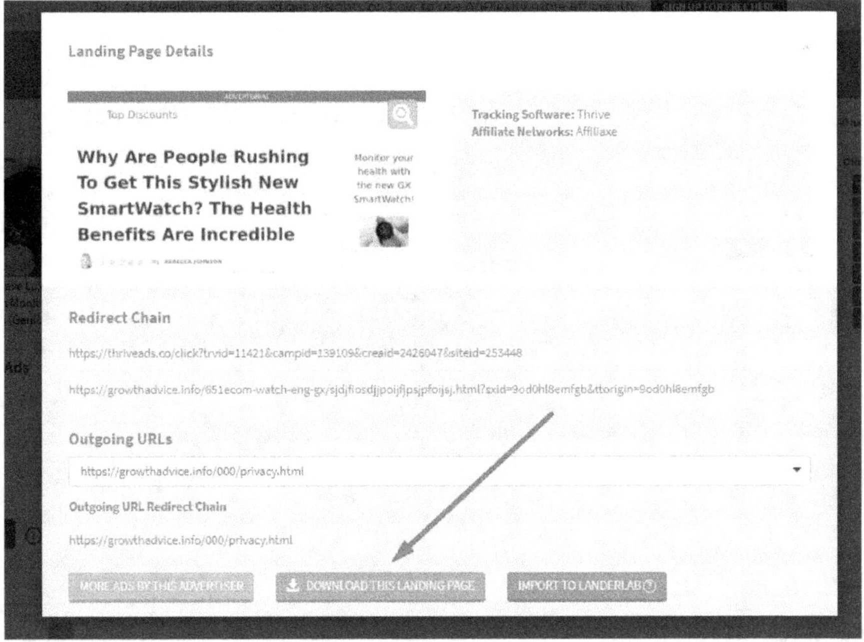

Per trovare l'offerta, vai a cercarla nel database delle offerte (vault), come ti ho indicato nella sezione "Join an affiliate network".
Così è possibile scaricare facilmente la landing page, sostituire i link in uscita con i propri link e caricare la landing page sul proprio sito web.

Vuoi risparmiare più tempo con gli spy tool?
Clicca qui e unisciti alla nostra community premium. Ottieni aiuto individuale da me e da altri affiliate marketer che guadagnano denaro online

---

Modificare la tua Landing Page con Sublime Text

Per aprire il codice sorgente della landing page e modificarlo si può usare un software come notepad++.

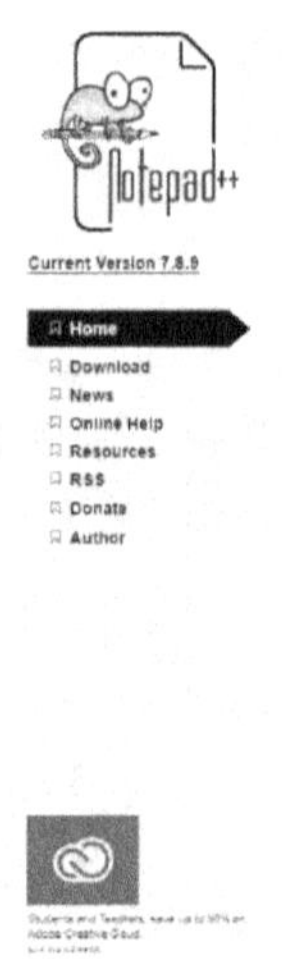

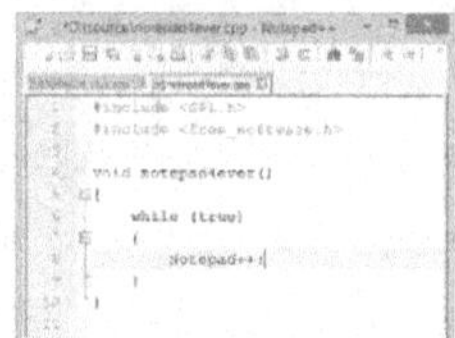

Oppure Sublime Text:

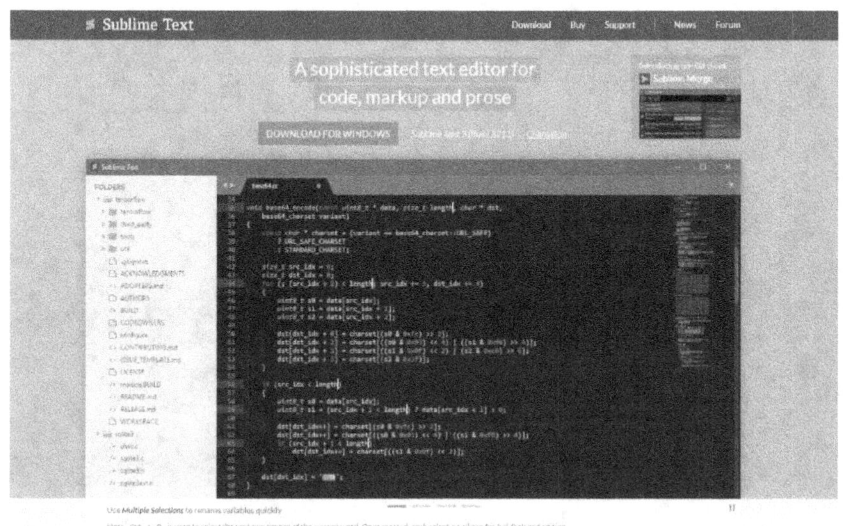

Sublime text è il mio preferito, ma puoi scegliere l'editor che preferisci.

Per sostituire i link in uscita con i tuoi link e modificare la landing page, accedi al file index.html della tua landing page e aprilo con l'editor che hai scelto. Io userò Sublime Text.

Ecco come apparirà:

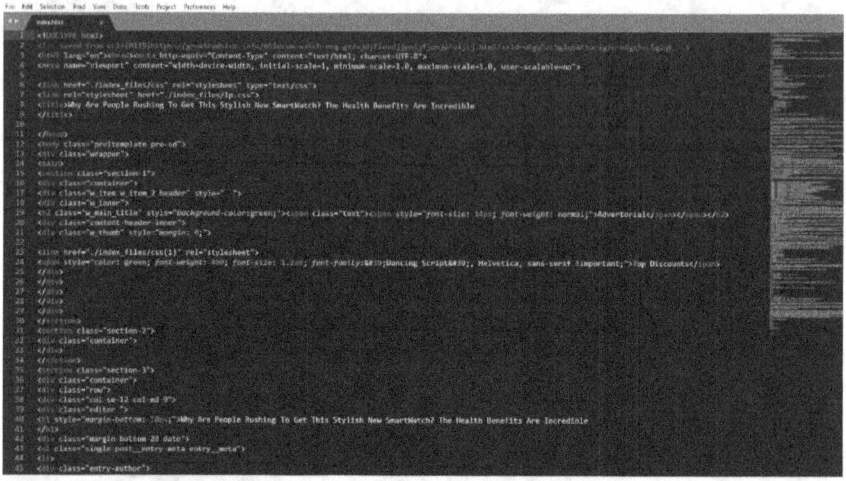

Per cambiare il titolo, ad esempio, è necessario individuare un codice come questo:

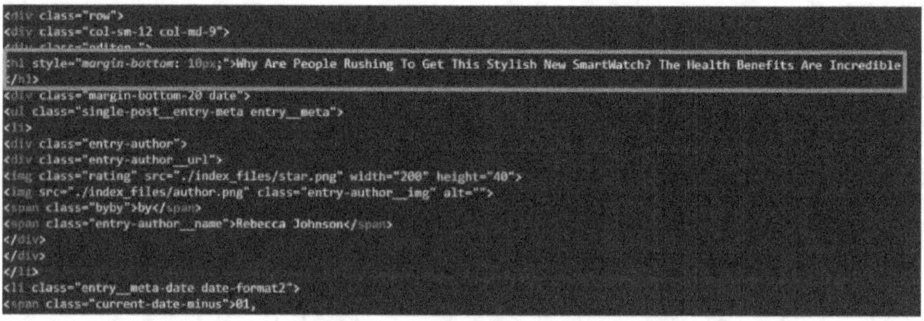

```html
<div class="row">
<div class="col-sm-12 col-md-9">
<div class="editor">
<h1 style="margin-bottom: 10px;">Why Are People Rushing To Get This Stylish New SmartWatch? The Health Benefits Are Incredible
</h1>
<div class="margin-bottom-20 date">
<ul class="single-post__entry-meta entry__meta">
<li>
<div class="entry-author">
<div class="entry-author__url">
<img class="rating" src="./index_files/star.png" width="200" height="40">
<img src="./index_files/author.png" class="entry-author__img" alt="">
<span class="byby">by</span>
<span class="entry-author__name">Rebecca Johnson</span>
</div>
</div>
</li>
<li class="entry__meta-date date-format2">
<span class="current-date-minus">01,
```

basta semplicemente riscriverlo. Oppure, se non lo trovi, apri la landing page del tuo browser e copia il titolo:

Ora ritorna a Sublime Editor, premi CTRL+F e incolla il titolo nella casella di ricerca:

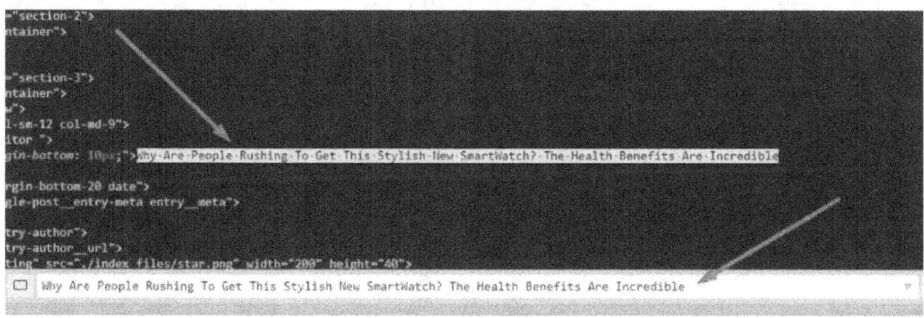

Troverà ed evidenzierà il testo che stai cercando.
Dopodiché è necessario rintracciare i link in uscita (cliccare sui link) nel codice.
Il modo più semplice è aprire di nuovo la casella di ricerca e cercare
<a href=

A questo punto è necessario verificare che questo link sia quello corretto da sostituire. Puoi farlo aprendo la landing page nel tuo browser e spostando il mouse sui link, e nell'angolo in basso a sinistra vedrai il link corretto in uscita che devi sostituire:

What Is It?

Come puoi notare nel mio esempio, questo è il link corretto.
È possibile sostituire tutti i link in uscita in modo molto veloce con Sublime Text. Devi solo selezionare il link, poi nel menu in alto clicca su "trova" e quindi su "sostituisci'" (o premi semplicemente CTRL+H)

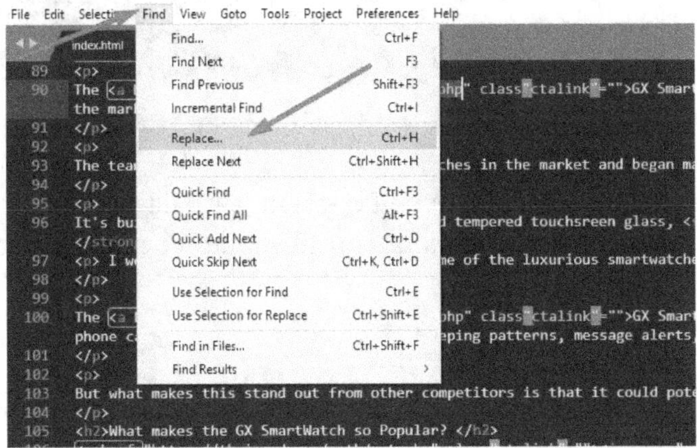

Infine, inserisci il tuo link nella casella "sostituisci", clicca su "sostituisci tutti" e il gioco è fatto.

Per cambiare le immagini devi trovarle nella cartella della tua landing page. Copia il nome dell'immagine che vuoi sostituire:

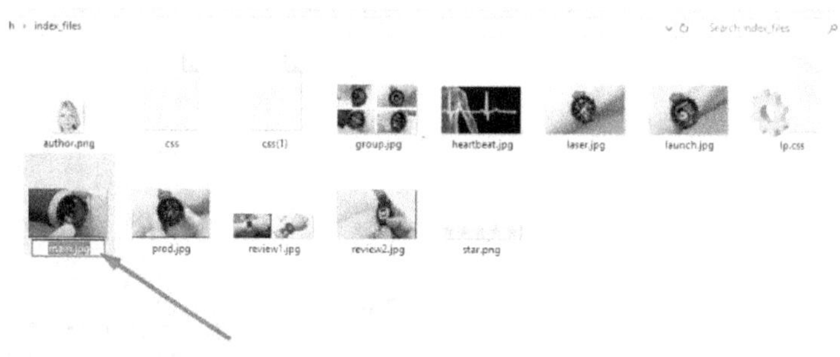

E incollalo nella casella di ricerca in Sublime Text:

```
</li>
<li>
<span class="entry__meta-category" style="font-weight: bold;">Technology</span>
</li>
</ul>
</div>
<a href="https://thriveads.co/path/out.php" class="ctalink" ="""><img src="./index_files/main.jpg"
<p><strong>Check out why this smartwatch is going viral quickly in and selling out everywhere...
<p>
For a while now, big tech companies have been ripping customers off by setting outrageous prices
is catching the tech experts by surprise.
</p>
<p>
```

Copia la nuova immagine nella stessa cartella dove si trova la vecchia "main.jpg" e nominala con un nome che ti ricordi, io l'ho chiamata "main2.jpg".

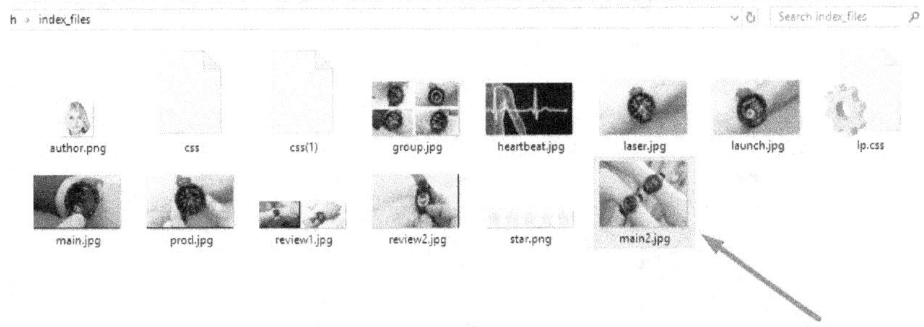

Poi ritorna su Sublime, finisci di modificare il nome da main.jpg a main2.jpg:

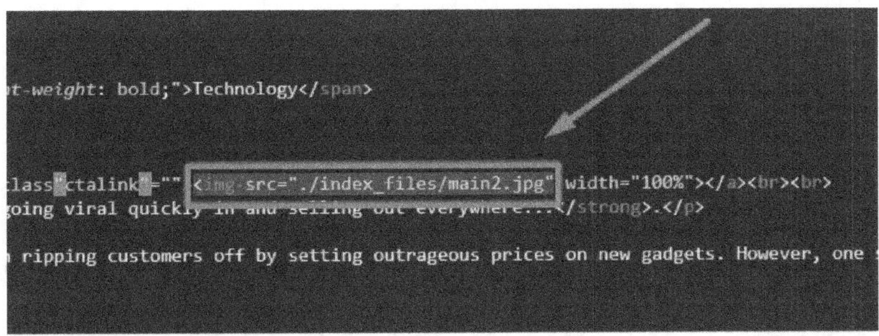

Ora accedi alla landing page nel tuo browser e vedrai che la vecchia immagine sarà sostituita con la nuova:

In questo modo è possibile modificare qualsiasi immagine della landing page.

Dovresti sempre variarla un po', per farla sembrare tua. Per esempio puoi sostituire il titolo e le immagini con qualcosa di molto simile a quello originale.

Fai attenzione anche ai "click-jacker"

I clic jacker sono fondamentalmente codici di script dannosi nascosti nelle landing page che rubano il tuo traffico. Quando un visitatore clicca su qualcosa nella tua landing page, il click-jacker lo reindirizzerà automaticamente su un'altra pagina.

A volte è possibile trovare questi codici pericolosi tra i tag **<script> </script>** nel codice sorgente della tua landing page. Ma il più delle volte sono nascosti, scritti da programmatori esperti, e se non sai esattamente cosa stai cercando, probabilmente non li troverai.

Ecco perché io uso sempre **Banners&Landers** per ripulire le mie landing page. Sono dei professionisti, veloci ed economici! Ti consiglio vivamente di contattarli.

Una volta che la tua landing page sarà pronta dovrai caricarla sul tuo sito. Il modo più semplice per farlo è utilizzare un software come FileZilla.

Vuoi approfondire di più sulle landing page, codifica e altro ancora? Clicca qui e unisciti alla nostra community premium. Ottieni aiuto individuale da me e da altri affiliate marketer che guadagnano denaro online

---

U tilizzare FileZilla

FileZilla è una delle soluzioni client FTP più popolari. Il suo scopo principale è quello di facilitare il caricamento dei file sul tuo sistema di Web hosting.

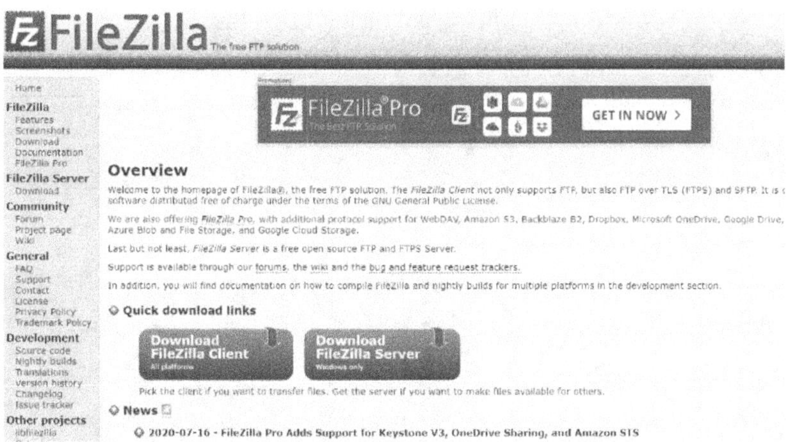

Permette di caricare landing page, immagini, video o qualsiasi altra risorsa in modo semplicissimo.

Inoltre, è anche possibile modificare i file senza doverli scaricare manualmente e poi ricaricarli.

Dopo l'installazione apri FileZilla, nel menu in alto clicca su File e Site Manager:

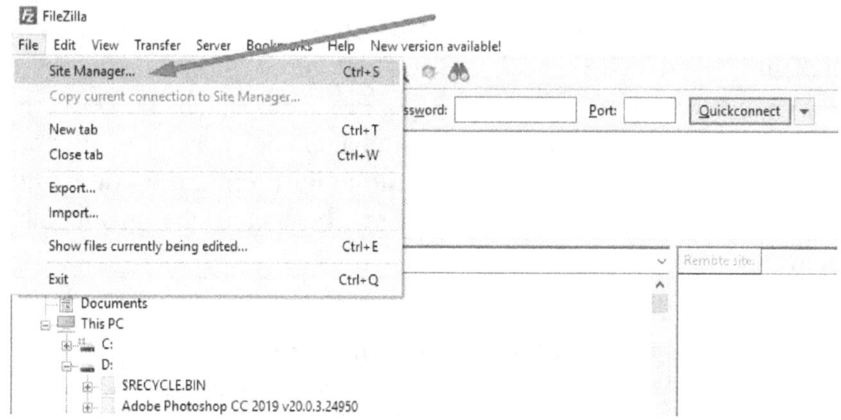

Ora clicca sul nuovo sito, nominalo, aggiungi il link dell'hostname come: "http://www.mywebsite.com o l'indirizzo IP come: http://192.168.0.1" imposta il tipo di accesso su "Normal" e inserisci il tuo nome utente e la tua password FTP. Questi dettagli di login funzionano anche per l'accesso FTP degli utenti che hanno CPane con il loro hosting.

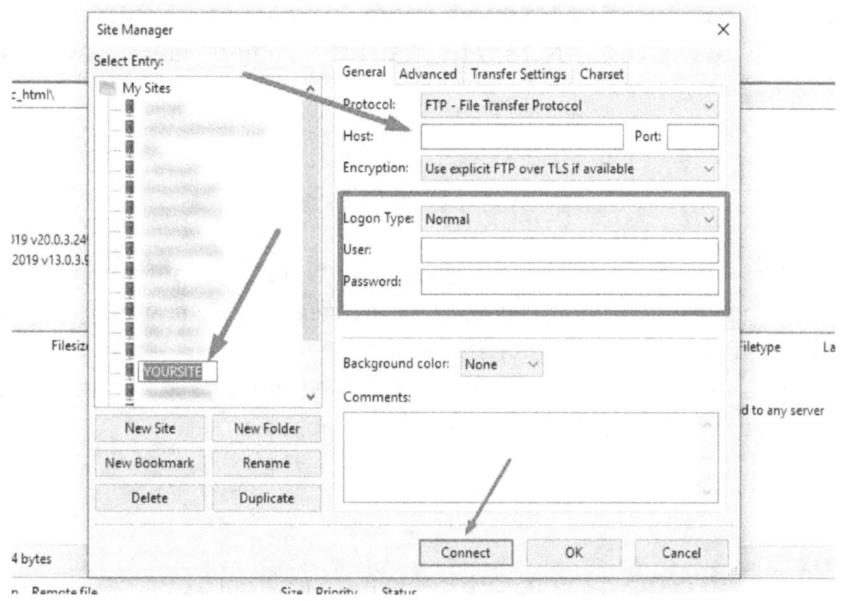

Questo è il modo in cui si collega FileZilla al server di hosting. Vedrai che sul lato sinistro hai i file del tuo computer e sul lato destro quelli sul tuo server:

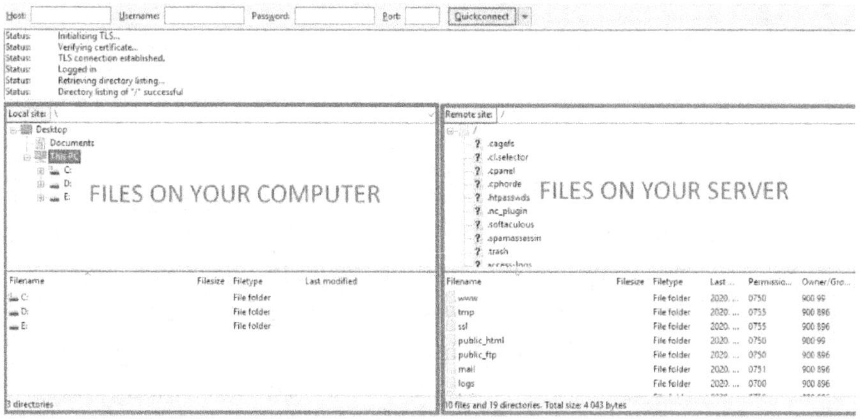

Per caricare la tua landing page, è sufficiente copiare la cartella dal tuo computer nella directory **public_html** dei tuoi server.

Supponiamo poi che la cartella della tua landing page si chiami " **lp** " e che il tuo dominio sia ' **'yoursite.com** ", quindi dopo il caricamento se visiti **www.yoursite.com/lp** la tua landing page dovrebbe caricarsi.

Impostare il tuo Tracker

Tracciare correttamente le tue campagne è la cosa più importante. Perché per renderle redditizie, devi trovare le giuste posizioni, le grafiche, le landing page e così via.
Come ho detto prima, io utilizzo RedTrack perché è semplicemente il miglior software di tracciamento che si possa trovare!

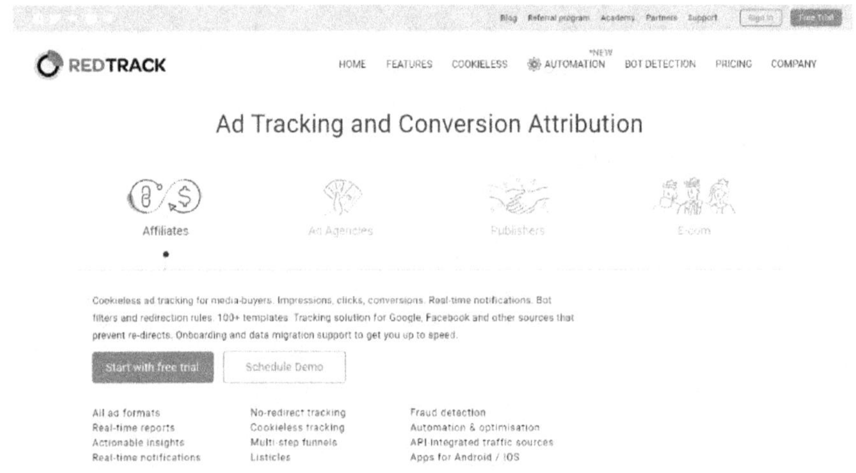

Per impostare Redtrack dovrai aggiungere la tua landing page, il network di affiliazione che stai utilizzando, l'offerta che vuoi promuovere e la fonte di traffico da cui acquisti il traffico.
Visto che ti ho già mostrato come caricare la landing page sul tuo server di hosting, iniziamo aggiungendo quella landing page a Redtrack.

Aggiungere la tua landing page

Accedi al tuo profilo Redtrack e nel menu in alto clicca su Landers, poi sul pulsante blu +Nuovo:

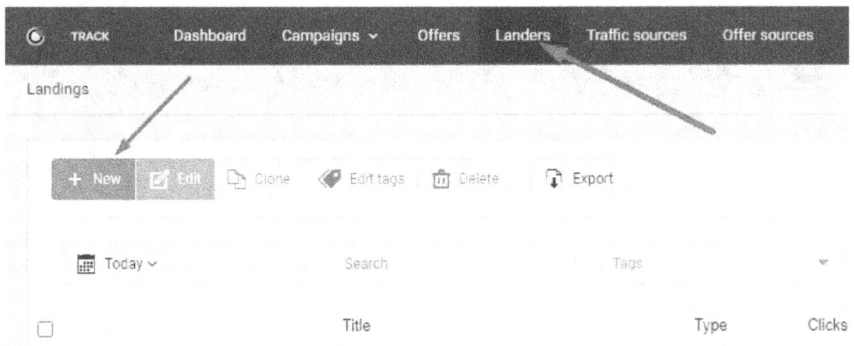

Successivamente devi assegnare un nome alla tua landing page e inserire l'URL o la tua landing page nel riquadro dell'URL. Come ad esempio **https://yourdomain.com/yourlandingpage**

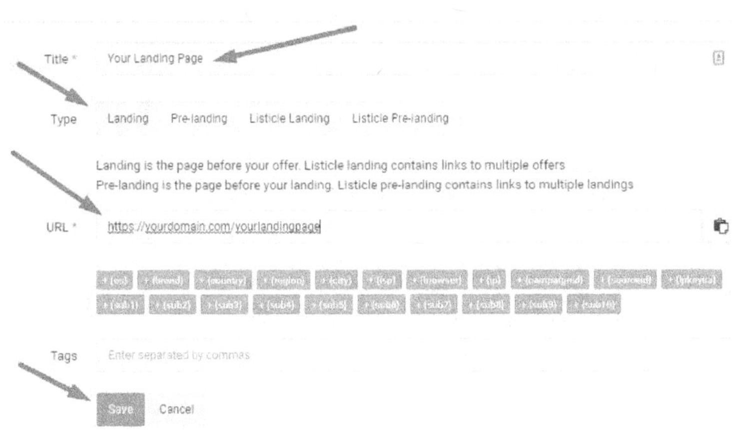

Poi clicca su salva e il gioco è fatto, molto semplice.

Ora, è aggiungi il network di affiliazione da cui proviene quello che ti offre la promozione. Nel menu in alto clicca su Offer sources e sul pulsante + New:

Aggiungere il network di affiliazione

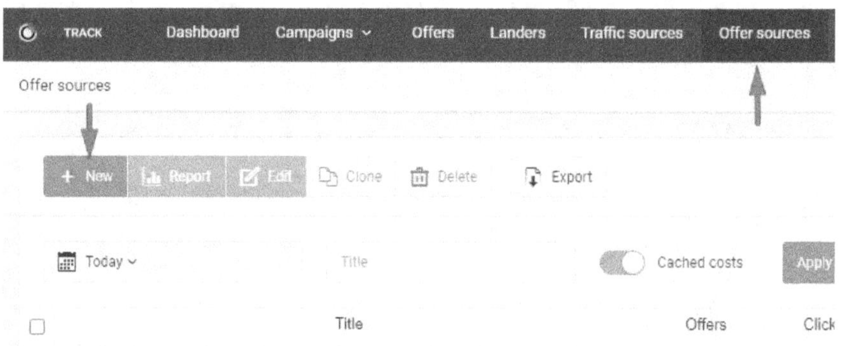

Redtrack rende estremamente semplice aggiungere un network di affiliazione con una serie di modelli integrati che puoi utilizzare.

Troverai il network di affiliazione più popolare tra i loro modelli. Basta individuare quello con cui lavori e cliccare sul pulsante "Add":

Se non riesci a trovare il network di affiliazione con cui stai lavorando, aggiungilo manualmente cliccando sul pulsante Create custom:

Infine, è necessario aggiungere l'offerta che si vuole promuovere.

Aggiungere l ' Offerta

Di nuovo, dal menu in alto seleziona Offers e clicca sul pulsante +New:

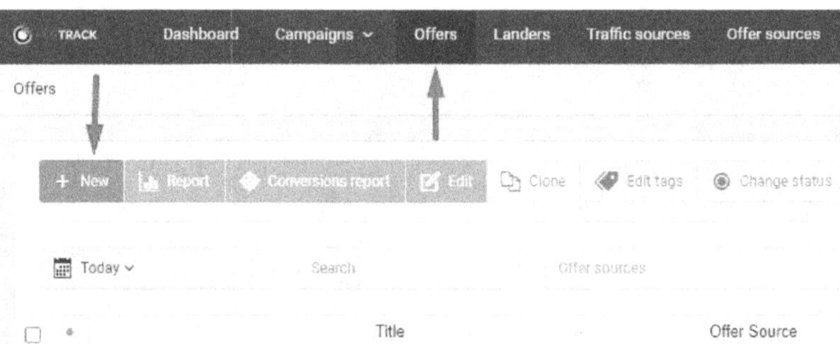

Qui è dove aggiungerai le offerte che promuoverai.

Digita il nome dell'offerta, seleziona la sua fonte (Network di affiliazione che hai aggiunto nella fase precedente) puoi impostare l'importo del payout che guadagnerai per sale/lead e aggiungi il tuo LINK dell'offerta nella finestra dell'URL.

 Devi chiedere al tuo Manager del network di affiliazione quale subID utilizzare per attivare il CLICKID!

Il Click ID è fondamentalmente un cosiddetto token, obbligatorio per tenere traccia delle visite e delle conversioni.

Ogni volta che un utente clicca sui tuoi annunci viene generato un Click ID univoco, che sarà quindi trasmesso come parametro.

È sempre necessario aggiungere il parametro Click ID all'URL della tua offerta in questo modo:

offer_url? **affiliate_network_parameter** ={clickid}

"?" separa la parte principale del collegamento dai parametri di tracciamento.

"&" separa i parametri di tracciamento tra loro.

Così, per esempio, se il tuo Manager dice che devi inviare il clickID attraverso il parametro "data2", allora devi aggiungere data2={clickid} al tuo link di offerta, e dovrebbe avere questo aspetto:

offer_url? **data2** ={clickid}

Il passo successivo è l'aggiunta della fonte di traffico presso la quale si va ad acquistare il traffico.

Aggiungere la Traffic Source

Passa quindi al menu delle Traffic source in alto e clicca sul pulsante + New:

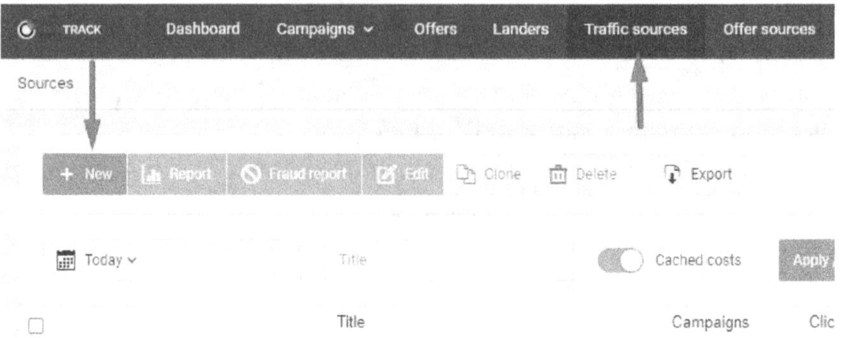

Proprio come nella sezione precedente, dove ti ho mostrato come aggiungere il network di affiliazione, anche qui abbiamo un mucchio di modelli integrati per le fonti di traffico:

E di nuovo, è sufficiente individuare la tua traffic source, cliccare sul pulsante Add e questa verrà aggiunta automaticamente. Inoltre, si riempiranno automaticamente gli altri Token/Macros necessari per poter recuperare i dati dalla traffic source dal software di tracciamento:

Parameter		Macro / Token	Name / Description
Sub1	sub1	{target}	Target id
Sub2	sub2	{source}	Source id
Sub3	sub3	{traffic_type}	Traffic type
Sub4	sub4	{match}	Bidded keyword
Sub5	sub5	{target_url}	Target URL
Sub6	sub6	{campaign_id}	Campaign ID
Sub7	sub7	{campaign_name}	Campaign name
Sub8	sub8	{geo}	Country code
Sub9	sub9	{visitor_type}	Visitor type
Sub10	sub10	{creative_number}	Creative

Questi token sono necessari per poter monitorare tutto ciò di cui hai bisogno, come ad esempio {creative_number} ti mostrerà i dati dei tuoi creativi, e potrai vedere quale dei tuoi creativi sta dando i migliori risultati e quale invece ti sta facendo sprecare i soldi.

Come ho già detto prima, se utilizzi Redtrack, questi modelli predefiniti compileranno automaticamente questi token di tracciamento per te.

Infine, ma non per importanza, dovrai creare la tua campagna Redtrack, che ti fornirà l'URL finale da promuovere sulla tua traffic source.

Crea re la tua Campagna Redtrack

Dalla dashboard clicca su Campagne e poi su +New:

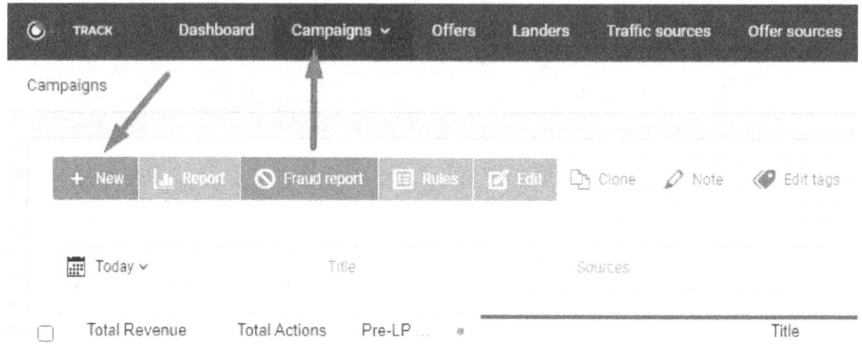

Ora devi dare un nome alla campagna, seleziona la traffic source:

Poi dal menù a tendina è necessario selezionare la **Landing Page** e L' **Offer** , quindi clicca su Salva:

Se vuoi testare più landing page (e dovresti proprio farlo) oppure offerte, puoi aggiungerne altre cliccando sul pulsante + Lander o + Offer:

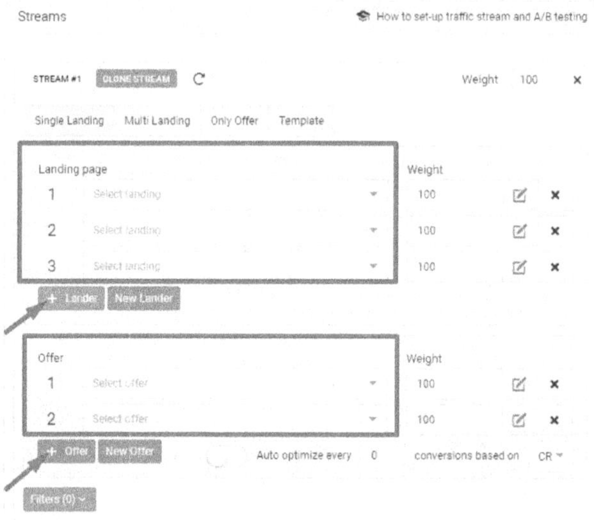

Dopo aver salvato la campagna, il tuo URL finale destinato ad essere promosso si troverà nella casella Click URL, puoi copiarlo, e il gioco è fatto:

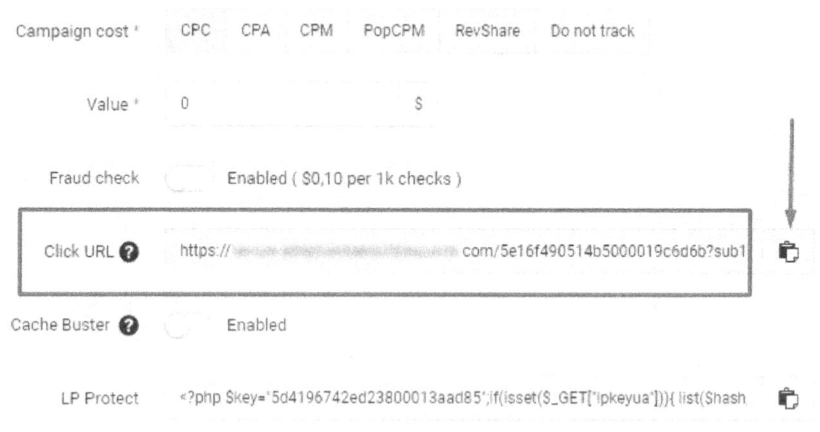

Vuoi approfondire con dei tutorial dedicati a Redtrack?

Clicca qui e unisciti alla nostra community premium. Ottieni aiuto individuale da me e da altri affiliate marketer che guadagnano denaro online

---

Ads & Copywriting

Le ads sono molto importanti nell'affiliate marketing. Se i tuoi non sono buoni, nessuno ci cliccherà sopra e le tue landing page, le tue offerte e tutto il tuo funnel non avranno valore.
Per fortuna noi affiliate marketer abbiamo un grande vantaggio, possiamo usare un tracker e monitorare come i nostri annunci stanno perfomando, quali sono redditizi e quali no.
Basti pensare agli spot televisivi, per esempio...
Si possono spendere migliaia di dollari per uno spot in tv senza sapere come stia andando. Non è possibile tracciarlo o misurarne il ROI (Return On Investment), quindi è davvero difficile.
Con il marketing su internet è possibile monitorare e vedere esattamente:

- quante volte è stato mostrato il tuo annuncio (impressions)
- quante persone hanno cliccato sul tuo annuncio (clic)
- quali annunci sono redditizi o quali stanno sprecando soldi e tanti altri dati.

I 3 principali obiettivi da raggiungere per migliorare la qualità delle ads

1. Deve attirare l'attenzione

La prima e più importante operazione è realizzare annunci che attirino l'attenzione, invogliando così le persone a cliccarci sopra.
Guarda questi 2 esempi.

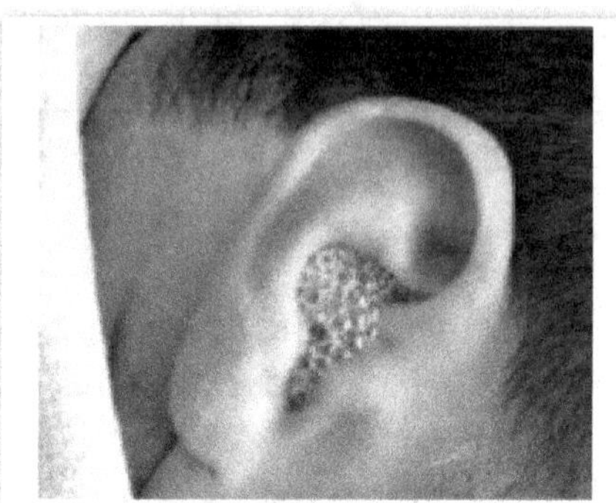

Il primo annuncio è in realtà molto più accattivante del secondo perché la prima cosa a cui la gente penserà è "Ma che cos'ha nelle orecchie?!

2. Deve essere pertinente

Sebbene lo scopo sia quello di ottenere più clic, il tuo annuncio deve essere pertinente all'argomento e all'offerta. Dato che ogni clic ti costa soldi, non vorrai certo che tutti indistintamente ci clicchino sopra.

Se ad esempio il tuo annuncio riguarda una news di gossip su un vip, ma stai lanciando un'offerta per un'assicurazione sulla vita, otterrai un'alta percentuale di clic, ma siccome la tua offerta non è pertinente, le persone non cliccheranno e tu sprecherai solo i tuoi soldi.

Pertanto ciò che volete sono i clic di persone potenzialmente interessate alla tua offerta.

3. Il tuo annuncio dovrebbe contribuire a convertire l'offerta

Ecco un esempio :

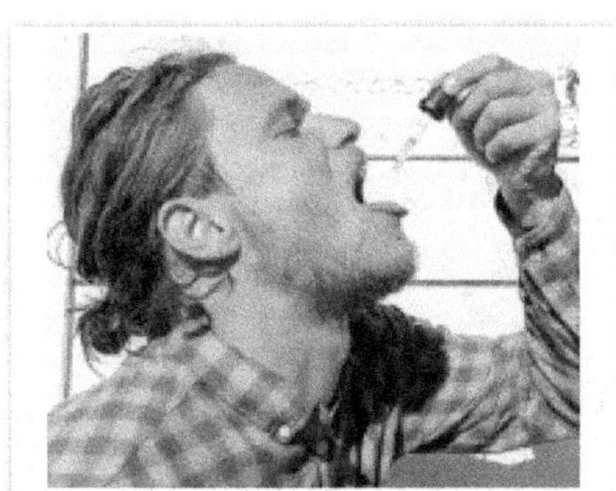

Come si può vedere l'immagine è ad un passo dal compiere un'azione, il che è ottimo, inoltre è un po' insolita, ti fa chiedere cosa stia facendo con quella pipetta, in più i colori sono vividi, il che attirerà l'attenzione e, soprattutto, è pertinente.

Sei a corto di idee per creare le tue offerte?
Clicca qui   e unisciti alla nostra community premium. Ottieni aiuto individuale da me e da altri affiliate marketer che guadagnano denaro online

I diversi tipi di ads

Ci sono un paio di diversi tipi di ads tra cui è possibile scegliere, e il traffico può specializzarsi in diversi tipi di annunci.
Quindi tratteremo i più popolari tra i quali è possibile scegliere .

1. TESTO DELLE ADS

E sempio :

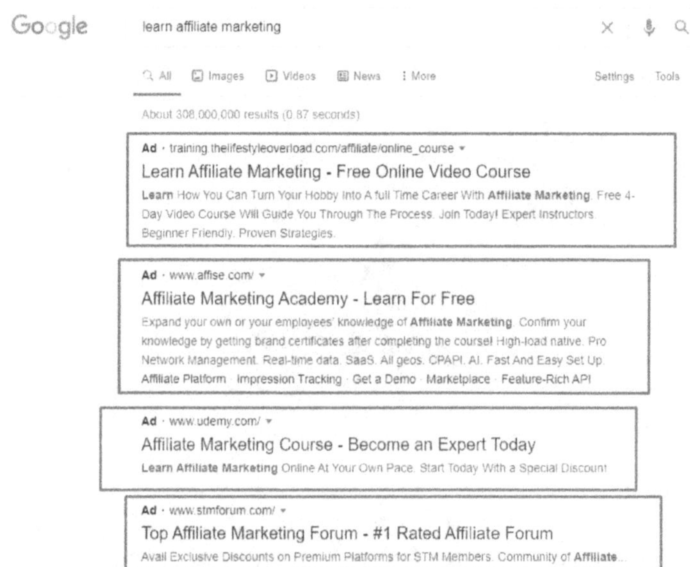

Il testo è più frequente negli annunci di Google, Bing e Yahoo.
Le prestazioni del testo dei tuoi annunci dipenderanno da quanto sei bravo nel copywriting.

2. L'IMMAGINE DELLE ADS

Le immagini pubblicitarie sono i banner che probabilmente vedi spesso navigando in internet.

Sono disponibili in diversi punti e dimensioni, le dimensioni più comuni dei banner pubblicitari sono:

- 720 x 90 (Classifiche)
- 300 x 250 (Rettangoli medi)
- 120 x 600 (Grattacieli)

*** SUGGERIMENTO :** Se stai pubblicando banner pubblicitari, inizia con le dimensioni del banner più diffuso per testare l'annuncio, se poi vedi il potenziale, puoi aumentarne le dimensioni per incrementare la profittabilità dell'annuncio.

È inoltre possibile utilizzare banner pubblicitari animati che, nella maggior parte dei casi, funzionano meglio di quelli statici . (Non tutte le fonti di traffico supportano i banner animati)

3. NATIVE ADS

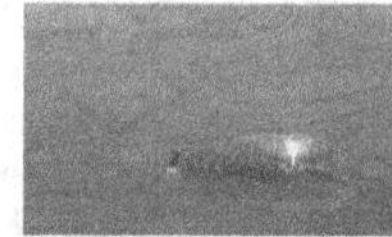

Le native ads contengono sia immagini che testo. In questi tipi di annunci è necessario ottimizzare sia il testo, che le immagini e il titolo.

Le native ads e le social ads sono caratterizzate da entrambe, come gli annunci newsfeed di Facebook o quelle più conosciute sul fondo pagina dei siti web. Le native ads si possono trovare sui siti più famosi di notizie.

4. POP ADS

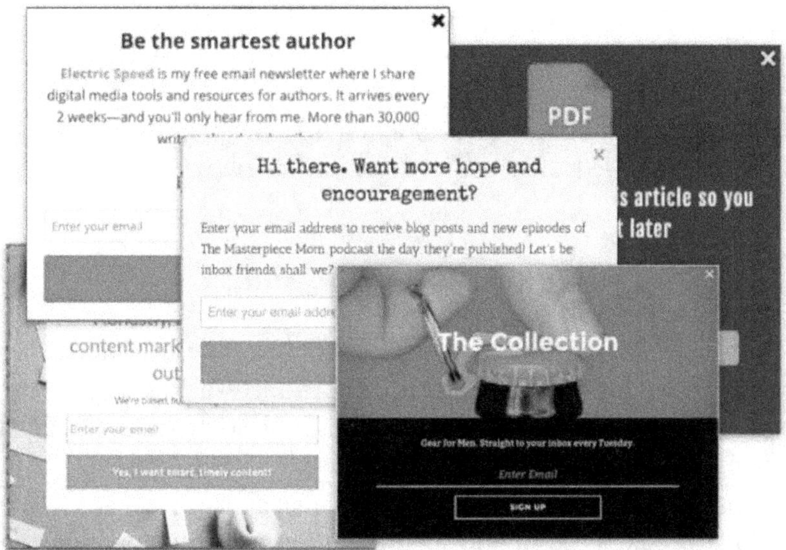

Con gli annunci pop non si possono utilizzare grafiche, quindi è necessaria una landing page davvero efficace per attirare l'attenzione.

Ecco come funziona il mobile pop

Visiti un sito e clicchi su un link (spesso per scaricare qualcosa, o guardare un video)
Si apre una nuova scheda nel browser e ti porta su una nuova pagina, OPPURE, rimani sulla stessa pagina, ma una nuova scheda si carica sotto il sito web originale.

Configurare la tua prima Campagna di affiliazione

In questa parte, ti mostrerò passo dopo passo tutto quello che ti serve per lanciare la prima campagna e per iniziare a guadagnare bene.

I primi due passaggi sono la scelta di una fonte di traffico dove pubblicare i tuoi annunci e la scelta dell'offerta che promuoverai. Cominciamo con le traffic source (fonti di traffico).

Scegliere la Traffic Source

Ci sono centinaia di traffic source tra cui scegliere, quindi, per il momento, ti consiglio vivamente di concentrarti su una sola.

Ogni fonte di traffico ha i suoi pro e i suoi contro, quindi fai una ricerca e scegline una sola, per cominciare.

Non pensarci troppo. Andrà bene una qualsiasi.

Quando si inizia, si dovrebbe sceglierne una consolidata, conosciuta e raccomandata da altri affiliati. Soprattutto perché se la tua campagna non è redditizia, non puoi sapere se è perché la fonte di traffico è scadente o lo è la tua campagna.

Se la traffic source è considerata valida da altri affiliati, allora saprai che ad avere problemi saranno la tua campagna o la tua offerta.

Ti consiglio di iniziare con Push, Native o Facebook.

- Push su **Zeropark**
- Native su **Taboola** , **Outbrain** o **MGID**

Selezione di Offer te

Quando si cercano offerte da promuovere, anche in questo caso, è importante scegliere tra le offerte collaudate da altri affiliati, soprattutto quando si è agli inizi.

Ce ne sono migliaia in molte nicchie diverse, quindi non vorrai certo spendere tutti i tuoi soldi per testare le offerte a caso che pensi possano essere buone.

Questo è il motivo per cui gli spy tools sono molto importanti, come ho detto prima.

Inoltre, quando scegli le offerte, dovresti sceglierne almeno 2-3 per iniziare a testarle e dividerle (l'una contro l'altra). Potrai farlo facilmente con Redtrack, come ho mostrato qui sopra nella sezione del software di tracciamento:

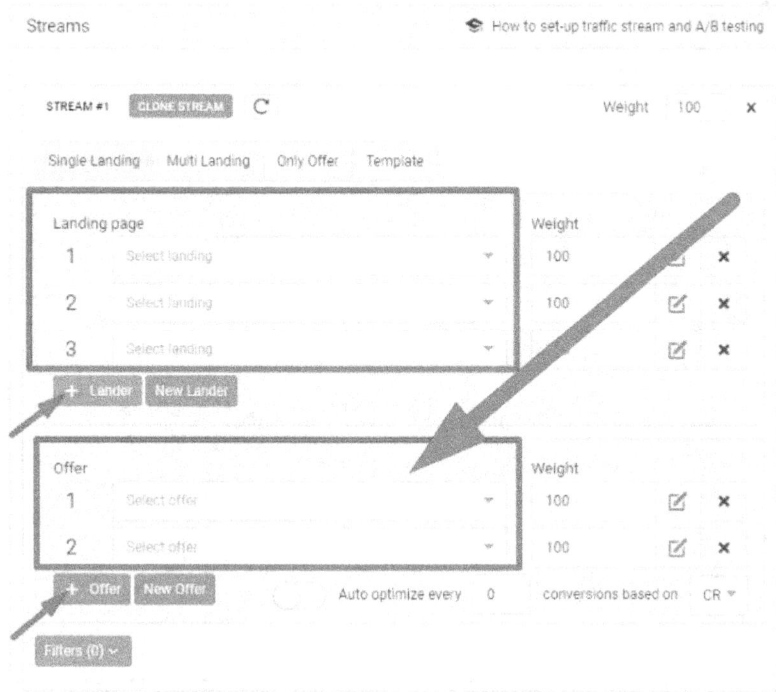

Una volta che hai la tua offerta (o le offerte) devi prendere i link di affiliazione dal network di affiliazione e aggiungerli a Redtrack come ti ho mostrato nella sezione di configurazione di Redtrack.

Ricordati di chiedere al tuo Manager dove devi inviare il parametro clickID per assicurarti di tracciare correttamente i clic.

Controlla le campagne dei tuoi concorrenti

Questo è il momento in cui si dovrebbe avviare di nuovo Adplexity e vedere come i tuoi concorrenti stanno conducendo le loro campagne e ricavarne qualche idea. Verifica quali creatives stanno usando, controlla le loro landing page e cose del genere.

In Adplexity potrai trovare altri affiliati che gestiscono la stessa offerta cliccando sulla scheda "by advertiser" nel menu in alto, e mettere la radice del tuo link di offerta nella casella di ricerca:

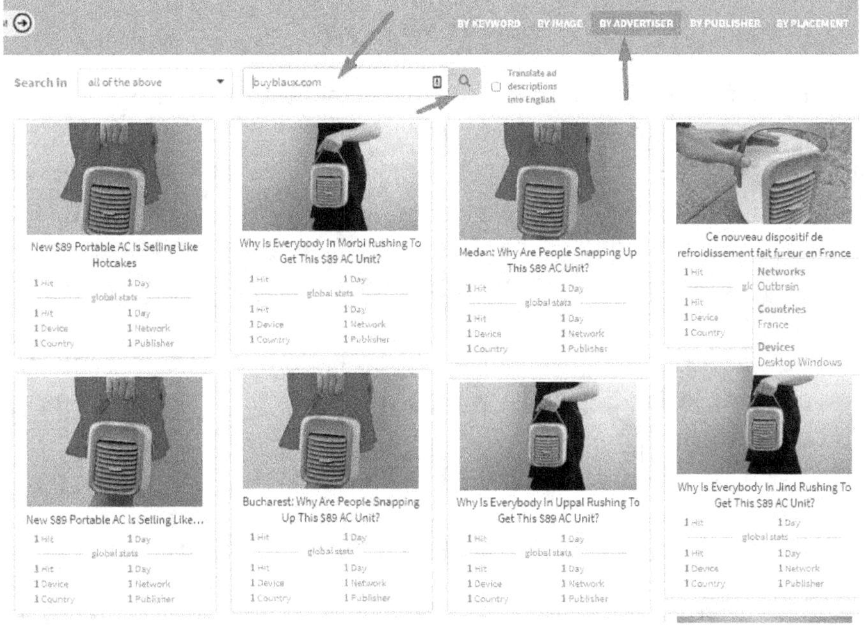

Dovresti inoltre parlare con il tuo Manager e chiedergli consigli. Potrà individuare quali sono le offerte più vantaggiose in quel momento, in quali paesi e altre cose del genere. Quindi non aver paura di chiedergli aiuto, dopotutto il suo compito è quello di aiutarti ad avere successo.

Puoi anche separare e differenziare le offerte di test, perché a volte una può convertirsi meglio dell'altra, anche se si tratta della stessa identica offerta di un altro network.

La parte Grafica (Creatives)

Quello che occorre fare ora è pensare e scrivere alcuni titoli e testi pubblicitari per l'offerta, su internet puoi trovare le immagini che si possono utilizzare ideare le tue landing page.

Quando usi adplexity, ti consiglio di raccogliere e salvare i migliori annunci che riesci a trovare, poi con photoshop o qualsiasi altro software di fotoritocco, realizzare la parte grafica sulla base dei migliori annunci che hai salvato in precedenza.

Più lo fai, migliore sarà la tua capacità di creare grafiche fantastiche.

Le L anding Page

Il modo più semplice per trovare le migliori landing page in Adplexity è quello di scaricarle, modificare i testi e le immagini per adattarle alla tua offerta, proprio come ti ho mostrato nella sezione " Modificare la tua Landing Page".

Cerca inoltre di ridurre al minimo il peso della landing page, il tempo di caricamento è importante, quindi è importante ottimizzarla per una migliore velocità.

È possibile utilizzare strumenti gratuiti per comprimere le immagini per caricare la landing page più velocemente con la stessa qualità dell'immagine originale.

Il lancio della tua prima Campagna

Quando inizi la tua prima campagna, parti con un budget molto basso, tipo 10-15 dollari, e assicurati che il flusso funzioni correttamente, puoi vedere i dati in entrata su Redtrack.

Quando imposti le prime campagne, segui ciò che ti consiglia la traffic source. Di solito io inizio con un'offerta un po' più alta, perché così otterrò subito un traffico di qualità migliore.

Inoltre, assicurati di creare sempre campagne diversificate per i diversi tipi di dispositivi. Non puntare mai su Mobile e Desktop nella stessa campagna, perché le offerte sono diverse e potresti finire per pagare troppo per il traffico mobile, ad esempio.

Stessa cosa per i GEO, se vuoi raggiungere più paesi, crea campagne separate, perché anche in questo caso le offerte non sono le stesse per ogni GEO. Quando la tua campagna sarà stata lanciata, approvata e inizierai a ricevere traffico, controlla e assicurati che tutto funzioni nel tuo flusso di lavoro e che il tuo tracker riceva i dati correttamente.

Potrai monitorare tutto andando su Redtrack, selezionando la tua campagna e cliccando sull'icona dei report:

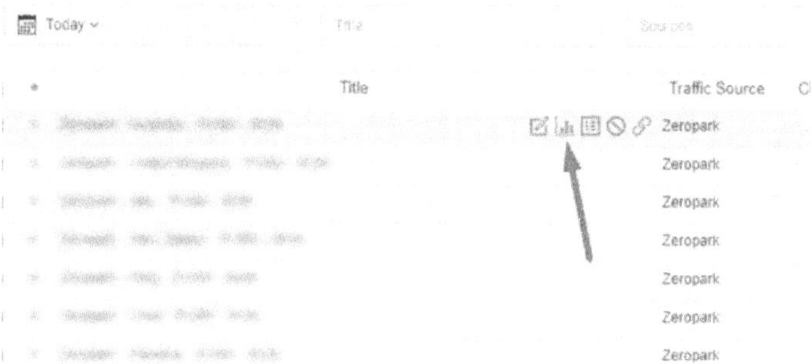

A questo punto, consulta i pannelli secondari e assicurati di poter vedere tutti i dati della traffic source attraverso le variabili dinamiche:

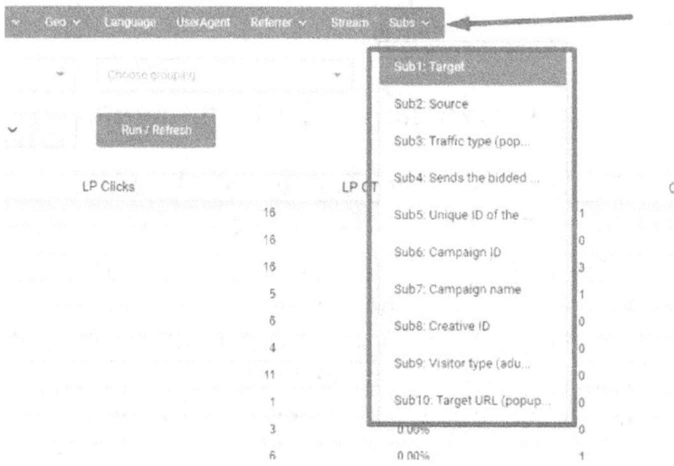

Sub1	Unique clicks	Clicks
	913	1292
	561	757
	379	538
	375	526
	274	379
	278	356
	252	333
	233	245
	181	242

Questo passaggio è molto importante, altrimenti, non saremo in grado di ottimizzare le nostre campagne in modo corretto.

Vuoi maggiore aiuto per creare e lanciare la tua prima campagna? Clicca qui e unisciti alla nostra community premium. Ottieni aiuto individuale da me e da altri affiliate marketer che guadagnano denaro online

Ottimizzazione della Campagna

Ottimizzare le campagne è il segreto per renderle redditizie.
Fondamentalmente quello che fai in questo caso, quando la tua campagna non è redditizia (probabilmente non all'inizio), ne elimini le parti che stanno facendo perdere soldi.
Ecco perché devi capire e tenere a mente che c'è una GRANDE differenza tra perdere soldi e comprare dati.
Quando inizi la tua prima campagna la cosa più importante è acquistare i dati, che puoi usare per ottimizzarla, in altre parole, per renderla redditizia.
Quindi, se il tuo tracker riceve i dati correttamente e sai cosa stai facendo, sei diventato un compratore di dati.
Se non usi un tracker stai perdendo soldi, perché se non funziona bene come vorresti, puoi solo supporre quale potrebbe essere il

problema ma non avendone la certezza non saprai come risolverlo. In pratica è come gettare tutto al vento per vedere cosa non va.

Un grosso errore tipico dei neofiti è lanciare campagne e fermarle se non sono immediatamente redditizie e andare avanti. Questo però vuol dire perdere soldi perché non hanno nemmeno provato a ottimizzarle e a farle funzionare.

La cosa giusta da fare invece è ottimizzare la campagna in modo da renderla remunerativa fino a quando non supera il budget a disposizione.

È fondamentale capire che le campagne redditizie si costruiscono, non si trovano a caso.

Durante l'ottimizzazione è necessario testare diverse parti della campagna. Con ogni test imparerai a conoscere il pubblico e renderai la tua campagna sempre più redditizia.

È essenziale lanciare la campagna fino a quando non si dispone di dati sufficienti per poterla ottimizzare. Si dovrebbe iniziare con il test di scansione della landing page, ad esempio.

Si prendono 2 landing page, supponiamo che hai **1000 visite sulla landing page** . Dal momento che hai diviso 2 pagine di prova nel tuo tracker, significa che hai 500 visitatori su **LP1** e 500 su **LP2** .

Quindi quello che devi fare è controllare i report di entrambe le landing page selezionando la tua campagna e cliccando sull'icona dei report in Redtrack:

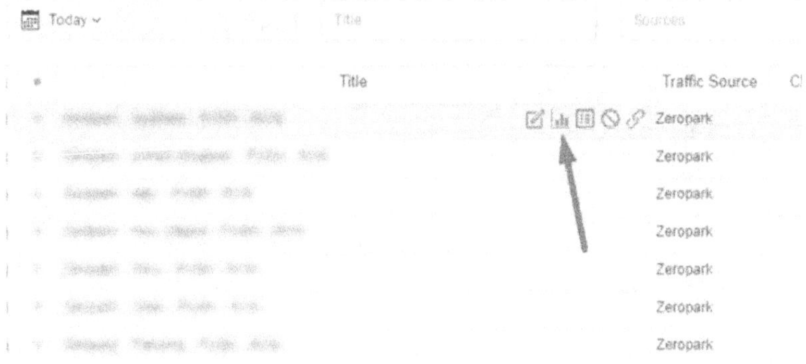

Poi raggruppa per Landing page:

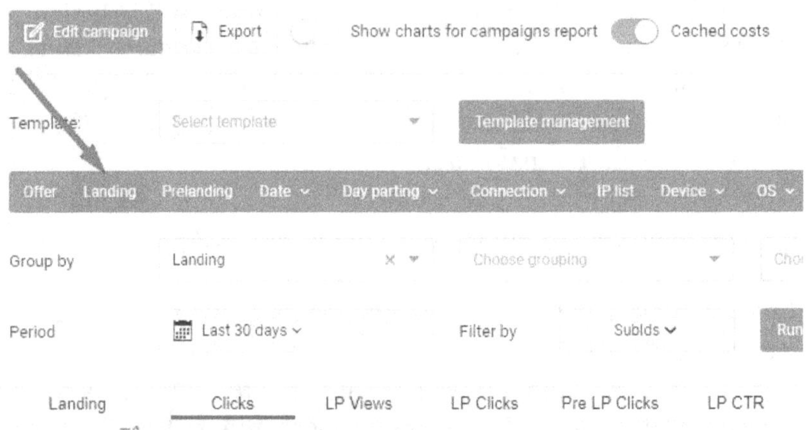

Vedrai i dati di entrambe le tue landing page e potrai fare un confronto.

Per esempio, se **LP1** ha ottenuto **15 conversioni** e **LP2** ne ha ottenute **9** , allora è abbastanza ovvio che **LP1 è quella vincente** .

Ma come ho detto prima è necessario avere abbastanza dati, per esempio, se LP1 ha ottenuto 3 conversioni, LP2 4 conversioni non è una differenza significativa, quindi se lo scenario è simile a questo dovresti eseguire entrambe le tue campagne per altre 24 ore e poi vedere se hai altri dati significativi.

Un'altra cosa che dovresti guardare è l' **LP CTR** (Landing Page Click Through Rate).

Landing	Clicks	LP Views	LP Clicks	Pre LP Clicks	LP CTR
					3.50%
					17.52%
					11.25%
					8.82%
					14.29%

Come puoi vedere da questo esempio ho testato 5 diverse landing page. Se controllo l'LP CTR allora sicuramente la LP2 è la vincitrice con il 17,52% di CTR.

Ma diciamo che se il CTR della LP1 fosse il 18% e quello della LP2 fosse il 17%, allora non ci sarebbe una differenza significativa, quindi in quel caso, continuerei a farle girare entrambe per un altro giorno o due.

Un'altra cosa è che di queste 5 landing page il CTR migliore è il 17,52% che NON è così buono. Non sono contento di quel numero quindi quello che faccio qui, è sbarazzarmi di tutti gli altri lander tranne quello "migliore" e aggiungerne altri 1,2 per vedere se posso migliorare quel CTR.

Dopo aver trovato una buona combinazione di conversione e clic attraverso il tasso di conversione che sia redditizio, allora quello che puoi fare è creare una variabile molto simile della tua landing page, per esempio, mantenere lo stesso testo e cambiare solo alcune immagini, o fare l'opposto e aggiungere quelle variabili della LP al tuo flusso per un altro test di divisione, e vedere se puoi migliorare ancora di più la tua LP.

3 Consigli per la tua prima strategia di ottimizzazione

#1 Testa una sola variabile all'inizio

Se sei un alle prime armi e hai appena lanciato la prima campagna, ti consiglio vivamente di concentrarti sul test di una sola variabile alla volta.

Ci sono molte variabili e se provi a testarne troppe in una sola volta non saprai quale ha generato il cambiamento.

Per prima cosa, inizia a testare solo le tue offerte e, quando hai l'offerta che funziona meglio per te, inizia a testare la landing page, ecc.

Cerca di essere il più chiaro e semplice possibile, poi quando avrai un po' di esperienza, potrai provare a fare più cose contemporaneamente.

#2 Assicurati che i tuoi dati siano accurati

Quando si eseguono gli split test (test divisi) sia che si tratti dell'offerta, del lander o di qualsiasi altra cosa, è necessario assicurarsi di ottimizzare e modificare le cose sulla base di dati accurati.

Quindi, in sostanza, è necessario disporre di dati sufficienti prima di prendere qualsiasi decisione. Come ho detto prima, se i dati non mostrano alcuna differenza significativa, allora significa che non hai ancora abbastanza dati e devi fare altri test.

#3 Trova ciò che ha il maggiore impatto

Devi scoprire cosa impatta ed influisce maggiormente e concentrarti su questo.

Quando testi le landing page sicuramente il titolo e il sottotitolo faranno più differenza del colore del tuo CTA (call to action button), questo e' chiaro.

Quindi devi concentrarti sul test dei titoli della tua landing page, puoi anche dividere il test della stessa landing page con un titolo diverso.

In realtà, però, la quantità di test che puoi fare dipende dal tuo budget. Maggiore è il budget, più test si possono eseguire.

Per esempio, se hai poco budget, tipo 100-150 dollari al mese e ottieni circa 100-150 click, non sarai in grado di eseguire il test in modo appropriato.

In questo caso, quindi, dovresti, o trovare una traffic source più economica, o aumentare il tuo budget.

Le 3 variabili su cui concentrarsi agli inizi

- Test di **offerte** suddivise/frazionate
- Test delle **landing pages** divise (split t est)
- Test dei tuoi **annunci/ads**

Anche in questo caso dipende dal budget a disposizione, ma questi 3 sono gli elementi più importanti di ogni nuova campagna da testare.

Magari riesci a testare solo 2 o 3 offerte valide, ed è molto meglio che restare incollati ad una specifica offerta.

Non dimenticare che questo è il motivo per cui gli spy tools e il confronto diretto con il tuo Manager e con gli altri affiliati sui forum è molto importante, dato che vuoi testare offerte già sperimentate e collaudate da altri affiliati.

E' possibile testare ulteriori variabili di ottimizzazione:

- Offers/Offerte
- Angles/Posizionamento
- Ads/Annunci
- Landing Pages
- Site IDs / Placements
- Countries/Paesi
- Devices/Dispositivi
- Dayparting/orario giornaliero
- Week Parting/orario settimanale
- Bid prices/prezzi dell 'offerta

In realtà ce ne sono molti altri, ma questi sono i più comuni su cui concentrarsi per il futuro.

In questa fase dovrai capire da solo quali sono gli elementi più importanti per la tua campagna, quelli con il maggior impatto.

Ecco cosa devi fare:

- Elaborare un piano riguardo a cosa si intende suddividere da testare
- Creare varianti delle tue landing page e degli annunci
- Usa Redtrack per suddividere l'offerta, le landing page e gli annunci

Vuoi saperne di più su come ottimizzare i tuoi annunci, le tue landing page e le tue pagine di offerta?
Cicca qui e unisciti alla nostra community premium. Ottieni aiuto individuale da me e da altri affiliate marketer che guadagnano denaro online

La strategia del principiante

In primo luogo, **NON esiste** né **una formula segreta** , né uno strumento magico che ti farà avere successo nell'affiliate marketing!
Esistono certamente strumenti e materiali che renderanno il lavoro molto più facile, come ad esempio gli spy tools, ma non perdere tempo a cercare la formula segreta che ti farà fare soldi.
Dovrai **lavorare sodo** e testare tutto in prima persona.

Scegliere le offerte giuste

Molti principianti sono bloccati nella scelta delle offerte da lanciare. Per questo motivo si collegano al network di affiliazione e vedono che ci sono centinaia di offerte tra cui scegliere e si trovano sommersi di informazioni.
Quindi probabilmente sceglieranno l'offerta più popolare perché pensano che se è così popolare, vuol dire che molti affiliati la stanno utilizzando probabilmente per una buona ragione, per i profitti.
Questo è vero, ma d'altra parte è una **strategia completamente sbagliata** , soprattutto se sei un principiante e non hai ancora abbastanza soldi da investire.
Il fatto alcuni esperti dell'affiliate marketing gestiscano quelle offerte "più popolari", guadagnando **10.000 dollari al giorno o anche di più** , dipende dal fatto che hanno un sacco di soldi da investire e con cui divertirsi, e onestamente, non c'è modo per un principiante di poter competere con loro.
Un altro errore comune che i neofiti commettono è quello di scegliere offerte che pagano una somma di denaro più alta.

La loro logica è: "perché dovrei scegliere un'offerta che paga 3 dollari per un lead, quando un'altra ne paga 60…".

Pensano che più un'offerta sia pagata e più soldi si facciano. Nell'ottica di un principiante, ciò potrebbe sembrare logico, ma in concreto è scorretto.

La realtà è che si possono fare **enormi profitti** ogni giorno, anche con un'offerta che **paga 0,80 dollari** per un lead.

Il pagamento dell'offerta non è sicuramente la cosa più importante. Per esempio, se un'offerta a basso rendimento converte bene, si possono fare un sacco di soldi e si possono ottenere clic più economici, quindi non importa quanto sia alto il rendimento dell'offerta; se non si converte non si guadagna.

Pertanto non dovresti concentrarti troppo sul payout dell'offerta, concentrati invece sulle offerte di test suddivise e sull'apprendimento dell'affiliate marketing piuttosto che sulla voglia di fare soldi.

Con un'offerta a bassa redditività, si può effettivamente suddividere il test molto di più di quanto non si farebbe con un'offerta ad alta redditività.

Per esempio, supponiamo che il pagamento sia di 60 dollari e che il tuo budget di 300 dollari, e che di questo budget tu riceva 5 conversioni, in modo da recuperare i tuoi soldi. Ma il problema è: quanti test si possono fare con questo denaro? O quanti dati hai con quelle 5 conversioni? Sicuramente non abbastanza.

Ma supponiamo che il pagamento della tua offerta sia di 1 solo dollaro e che il budget sia di nuovo di 300 dollari e che di questo budget hai recuperato i tuoi soldi, il che significa che hai ottenuto 300 conversioni. Ora è molto meglio di 5 conversioni con l'offerta con payout più alto, e con 300 conversioni hai sicuramente abbastanza dati per rendere la campagna redditizia, e anche questo è un ottimo modo per imparare.

Quindi il punto è che si dovrebbe iniziare con le offerte a BASSO rendimento (payout) perché si possono ottenere molti più dati per i tuoi guadagni!

E sempi per queste offer te :

- Sweepstakes (lotterie /concorsi)
- S emplici offerte di lead
- Installazione di App
- Games (giochi)
- Dating, etc… (incontri)

Non hai idea di quale sia la migliore offerta da gestire?
Clicca qui   e unisciti alla nostra community premium. Ottieni aiuto individuale da me e da altri affiliate marketer che guadagnano denaro online

---

A quali paesi dovresti rivolgerti come principiante?

Beh, non c'è una risposta precisa a quale GEO si debba mirare. Per esempio, ci sono molte offerte specifiche per un particolare GEO, come ad esempio, negli Stati Uniti si trovano molte offerte di lead tipo Auto Insurance.

Ma quello che posso garantirti e che dovresti tenere a mente, è che i **grandi affiliati da 10K+/Day** sono tutti a caccia di paesi come gli USA, il Canada, il Regno Unito, l'Australia, ecc. soprattutto perché è lì che si trova il maggior volume di traffico.

Quindi c'è molta concorrenza in questi GEO e non c'è modo di competere con loro se sei ancora un principiante.

Per fortuna c'è molto volume anche in altri GEO senza tanta concorrenza che consiglio vivamente. Ad esempio, i GEO dell'America Latina e del Sud-Est asiatico sono punti di partenza perfetti per i neo affiliate marketer.

Molti affiliati pigri, soprattutto i principianti non vogliono correre in geo internazionali o di lingua non inglese perché comporta più lavoro, come la traduzione di annunci, di landing page, ecc.

Ma in realtà non è così impegnativo, esistono professionisti apposta sul mercato che lo faranno per voi, a buon prezzo!

Il mio sito preferito per le traduzioni è **Transey** . Traducono da anni tutte le mie landing page, gli annunci e ne sono più che soddisfatto!

Focalizzati su una Traffic Source e un Vertical

Anche in questo caso molti neofiti si bloccano per la troppa varietà di scelta.
È necessario restringere il campo d'azione e concentrarsi su una sola fonte di traffico e vertical alla volta. Consiglio sempre ai principianti di iniziare con il Mobile, per esempio.
E' più economico e perfetto per imparare.

L'altra cosa più importante è il Vertical

Ricordi che ti ho parlato prima di quanto sia importante procedere con un vertical già collaudato da altri che funziona?
Magari ci sarà concorrenza, il che è abbastanza vero, ma almeno sai che l'offerta funziona perché è provata.
Quindi, se un'offerta testata non funziona per te, saprai con certezza che il problema riguarda i tuoi annunci/landing page, ma non l'offerta, e potrai quindi ottimizzarla.
La maggior parte dei nuovi marketer durante le loro prime campagne, passano da diverse Traffic Source a diversi vertical quando "perdono" un po' di soldi. E questo è un GRANDE errore...
Perché? Perché quando si spende xxx quantità di denaro ma si è in -ROI e si passa ad un'altra offerta o traffic source, così si perde davvero quel denaro, quindi NON si dovrebbe farlo!
Invece rimani fedele a un'offerta comprovata per almeno un mese per imparare, ottimizzarla e cercare di spremere il maggior profitto possibile da essa. In questo modo acquisirai molte più competenze.

In Conclusione

- Scegli un'offerta con un payout basso

- Punta su Paesi meno saturi (LATAM, Africa, SE Asia)
- Attieniti a una sola Traffic Source e ad un unico Vertical fino a quando non avrai padronanza.
- Pianifica e lancia la campagna

Servizi raccomandati per Affiliate Marketers

Supremedia	Supremedia- Il Network numero 1 con le migliori offerte di prodotti finanziari da tutto il mondo. Offerte ad alto rendimento, supporto eccezionale. Per gli esperti di marketing di affiliazione!
REDTRACK	**RedTrack** - La soluzione di tracking più conveniente basata sul cloud - Lo strumento indispensabile per ogni marketer, Red Tracker!
ZEROPARK	**ZeroPark** - Traffic Source consigliato per PUSH, POP, Redirect e Keyword Traffic Ottimo supporto, traffico di qualità eccellente. Un modo perfetto per iniziare a lavorare nell'affiliate marketing.
Transey Translated by Native Speakers	**Transey -** Serve una traduzione? Consultali Più economico del 50% rispetto ad altri servizi di traduzione, Transey fornisce traduzioni in oltre 150 lingue.
AdsBabe BECAUSE ADS SHOULD BE SEXY!	**AdsBabe** - Con 50 dollari realizzano video ecom da da zero, contattali. E' Il servizio di creazione di video più popolare utilizzato dai drop shippers.
BANNERS & LANDERS	**Banners&Landers** - $40 Landers, $10 Banner Ads e altro ancora - Dai in outsourcing le tue landing page, i banner pubblicitari, i creativi di Facebook, l'editing video, la programmazione

iAmAffiliate	**iAmAffiliate** - Il Forum numero 1 di Affiliate Marketing Avanzato - Ricevi un aiuto 1 on 1 da iAmAttila e da altri esperti di affiliate marketing a tempo pieno.
Adcombo	**Adcombo** - La migliore rete COD del mondo. Ti danno delle landing page da far partire!
TopOffers	**TopOffers -** il miglior network per le offerte di Incontri .
Everest	**Everest Media** - il principale vantaggio che otterrai da Everest Media è che lavorerai direttamente con gli Advertiser, il collegamento in prima persona con i proprietari dei prodotti.
clickdealer	**Clickdealer** - Network CPA consigliato per Incontri, E-commerce, Concorsi a premi, Nutra, Abbonamenti per cellulari, Gioco d'azzardo, Download.
VerveDirect	**Verve Direct** - è una network consigliato se si desidera utilizzare le offerte Ecom.
Adplexity	**Adplexity** - il miglior strumento mobile di spying pubblicitario! Uno strumento indispensabile dove è possibile scaricare facilmente le landing page da utilizzare.
Taboola	**Taboola** - un'alternativa economica e affidabile al traffico di annunci nativi! È anche facile da usare grazie alla sua interfaccia intuitiva.
Outbrain	**Outbrain** - questa piattaforma di traffico fornisce un ottimo traffico di qualità. La loro applicazione è facile da utilizzare ed è perfetta per i nuovi affiliati.

mgid	**MGID** - il loro nuovo formato di native ad ti aiuterà sicuramente ad aumentare i tuoi profitti!
Visto	**Visto** - uno spy tool GRATUITO che aiuta gli affiliati ad avere una panoramica delle ultime tendenze del mercato.

9 798589 596489